CW01659195

Reis naar de Nederlanden

Vertaald uit het Duits door

Anne Pries

Tweede druk
© Nederlandse vertaling Anne Pries
© 2014 Uitgeverij Hoogland & Van Klaveren

Illustratie omslag:
Albrecht Dürer: Zelfportret, 1500, olieverf op lindehouten paneel, 67 x 49 cm. München, Alte Pinakothek.

Ean 978 90 8967 159 2

Albrecht Dürer

Reis naar de Nederlanden

Uitgeverij Hoogland & Van Klaveren

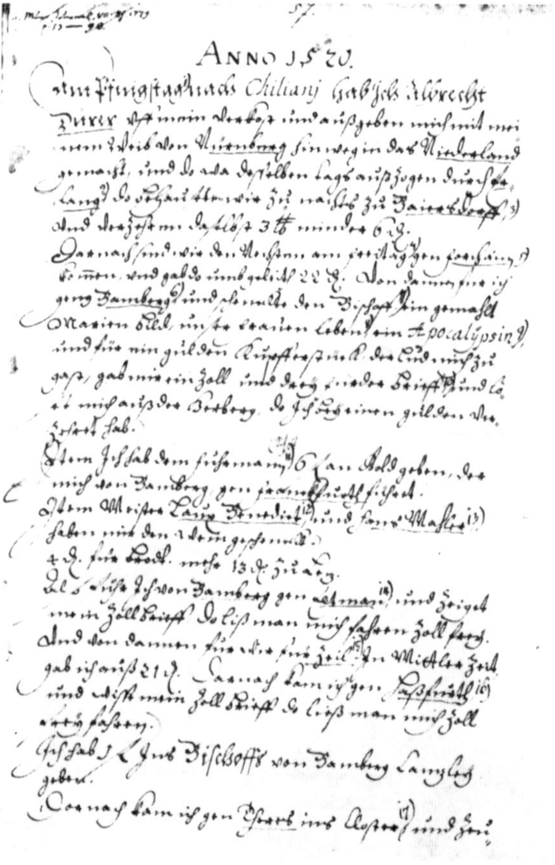
Anno 1520.

Eerste bladzijde van het manuscript van Tagebuch der Niederländischen Reise

Dagboek van de reis naar de Nederlanden
Anno 1520

Dit zijn de reizen die Albrecht Dürer met zijn vrouw heeft gemaakt toen hij in de Nederlanden was, waar hij door de keizer, koning en vorsten met groot eerbetoon en tegemoetkomendheid is ontvangen, zoals hier te zien en te horen is.

De reis naar Antwerpen

Donderdag na St. Kiliaan[1] ben ik, Albrecht Dürer, met mijn vrouw op eigen kosten van Neurenberg naar de Nederlanden vertrokken. En nog dezelfde dag reden we door Erlangen en voor de nacht vonden we onderdak in Baiersdorf en daar hebben we op 6 pfennig na 3 pond aan eten en drinken uitgegeven. Daarna zijn we de volgende dag, vrijdag, in Forchaim aangekomen, waar ik voor een geleide 22 pfennig heb betaald. Vandaar reisde ik naar Bamberg en ik schonk de bisschop[2] een schilderij van de H. Maria, *Het leven van Onze Lieve Vrouw*[3], een *Apocalyps*[4] en voor een gulden aan gravures. Hij nodigde mij uit, gaf mij een tolbrief[5] en drie aanbevelingsbrieven en betaalde de herberg, waar ik zowat een gulden had uitgegeven. Ik heb de schipper die mij van Bamberg naar Frankfurt zou brengen 6 goudgulden gegeven. Meester Lucas Benedict en de schilder Hans[6] hebben me wijn gebracht. 4 pfennig voor brood en voorts 13 pfennig aan fooien. Aldus voer ik van Bamberg naar Eltman en liet mijn tolbrief zien en ze lieten mij zonder betaling door. En vandaaruit voeren we langs Zeil. Onderweg heb ik 21 pfennig uitgegeven. Daarna kwam ik bij Hassfuhrt en liet mijn tolbrief zien, waarop ze me zonder tol doorlieten. Ik heb 1 gulden aan de kanselarij van de bisschop van Bamberg gegeven. Daarna kwam ik bij het klooster van Theres, liet mijn tolbrief zien en ook daar lieten ze me door. Daarna voeren we naar Unter-Euerheim. Daar bleef ik overnachten en heb 1 pond aan eten en drinken uitgegeven. Vandaar voeren we naar Mainberg en ik toonde mijn tolbrief, waarop ze me zonder betalen doorlieten. Daarna kwamen we bij Schweinfurt, waar dokter Rebart me uitnodigde en wijn voor ons op de boot bracht. Ze lieten me ook zonder tol door. 10 pfennig voor een gebraden kip. 18 pfennig voor de keuken en het kind. Daarna voeren we naar Volkach en ik liet mijn tolbrief zien en we voeren door naar Schwarzach; daar bleven we overnachten en gaven 22 pfennig uit aan eten en drinken.

En op maandag waren we vroeg op en voeren langs Dettelbach en kwamen bij Kitzingen en ik toonde mijn tolbrief waarop ze me doorlieten en ik heb 37 pfennig aan eten en drinken uitgegeven. Toen voeren we via Sülzfeldt naar Markbreit en ik liet mijn tolbrief zien en ook daar lieten ze me passeren. En we kwamen bij Eibelstadt en toen bij Heidingsfeld en vervolgens bij Würzburg. Daar toonde ik mijn tolbrief en toen lieten ze me door. Daarna voeren we naar Erlabrunn, waar we bleven overnachten en 22 pfennig aan eten en drinken hebben uitgegeven.

Vandaaruit voeren we langs Rezbach en Zellingen, kwamen bij Karlstadt en ik liet mijn tolbrief zien, waarop

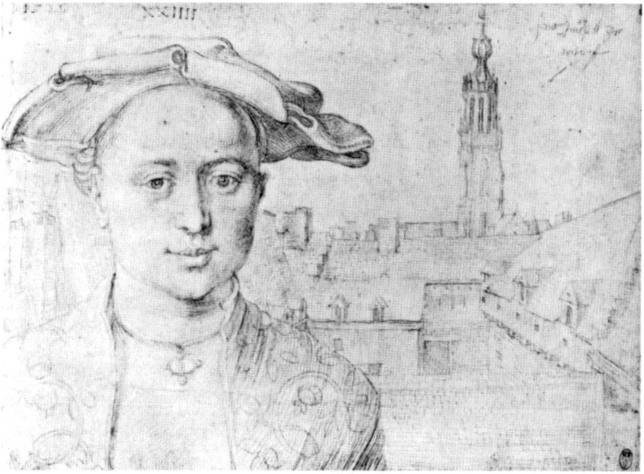

Portret van een vierentwintigjarige man, gezicht op de St. Michaelsabdij in Antwerpen

ze me doorlieten. Vandaar voer ik naar Gmünden, daar gingen we 's morgens iets eten en gaven 22 pfennig uit; ik liet daar ook mijn tolbrief zien en ze lieten me passeren. Toen voeren we naar Hofstetten, ik toonde mijn tolbrief, waarop ze me doorlieten. Daarna kwamen we bij Lohr, daar liet ik ook mijn tolbrief zien en ze lieten me gaan. Daarna kwamen we bij Neustadt en lieten onze brief zien, waarop ze ons doorlieten. Ook heb ik 10 pfennig uitgegeven voor wijn en kreeft. Daarna kwamen we bij Rotenfels, daar liet ik mijn tolbrief zien en dus lieten ze me vrij passeren en daar bleven we overnachten en gaven 20 pfennig uit aan eten en drinken.

En op woensdag voeren we vroeg weg en via Sint Eucharius[7] kwamen we bij Heidenfeld, vandaar bij Trieffenstain. Daarna kwamen we bij Homburg, ik toonde mijn tolbrief, waarop ze me doorlieten. Toen kwamen we bij Wertheim en ik toonde mijn tolbrief en men liet me passeren en ik heb 57 pfennig aan eten en drinken uitgegeven. Daarna voeren we naar Prozelten, waar ik mijn tolbrief liet zien en ze lieten me door. Daarna voeren we naar Freudenberg, daar liet ik mijn tolbrief weer zien en ze lieten me door. Daarna kwamen we bij Miltenberg waar we bleven overnachten.

Ook daar liet ik mijn tolbrief zien en ik heb 61 pfennig aan eten en drinken uitgegeven. Toen kwamen we bij Klingenberg en ik liet mijn tolbrief zien, waarop ze me doorlieten. We kwamen langs Wörth, vandaar via Obernburg bij Aschaffenburg; daar liet ik mijn tolbrief zien en ze lieten me door en ik heb 52 pfennig aan eten en drinken uitgegeven. Vandaar voeren we naar Seligenstadt, vandaar naar Steinheim; daar liet ik mijn tolbrief zien en ze lieten me door. En bij Johansen hebben we overnacht, hij bracht ons de stad in en was erg aardig; ik heb daar 16 pfennig uitgegeven.

Aldus gingen we op vrijdag[8] vroeg naar Kesselstad, daar toonde ik mijn tolbrief, waarop men me doorliet. Daarna kwamen we bij Frankfurt, daar toonde ik weer mijn tolbrief en ik werd doorgelaten. En ik heb 6 weisspfennig en anderhalve heller aan eten en drinken besteed en de jongen heb ik 2 weisspfennig gegeven en voor de overnachting 6 weisspfennig. Bovendien heeft mijnheer Jacob Heller[9] mij in de herberg wijn gestuurd.

En ik heb afgesproken dat ik met mijn bagage van Frankfurt naar Mainz word vervoerd voor 1 gulden en 2 weisspfennig. Ook heb ik de jongen nog 5 Frankfurter heller gegeven en we hebben voor de nacht 8 weisspfennig betaald. Dus ging ik op zondag met de vroege boot van Frankfurt naar Mainz en halverwege bereikten we Höchst, waar ik mijn tolbrief liet zien en ze me doorlieten; verder heb ik daar 8 Frankfurter pfennig aan eten en drinken uitgegeven. Vandaar voeren we naar Mainz. Ik heb ook nog 1 weisspfennig betaald voor het uitladen. Dan nog 14 Frankfurter heller aan de scheepsknecht. Voorts 18 pfennig voor de riemen. Verder heb ik voor 3 gulden een plaats geboekt voor mezelf en mijn spullen op de boot naar Keulen. In Mainz heb ik bovendien 17 weisspfennig aan eten uitgegeven. Peter, een goudsmid en hun muntmeester, gaf me twee flessen wijn. Veith Varnbühler had me uitgenodigd, maar de waard wilde geen betaling van hem aannemen en zelf mijn gastheer zijn. En ze hebben me veel eer bewezen.

Zo vertrok ik van Mainz, waar de Main in de Rijn stroomt en dat was op maandag na St. Magdalena.[10] Ook betaalde ik 10 heller voor vlees voor op de boot en voor eieren en peren 9 heller. Leonard, de goudsmid, heeft mij wijn gegeven en gevogelte om onderweg naar Keulen klaar te maken. De broer van meester Joost[11] heeft me ook een fles wijn geschonken. Ook de schilders hebben me 2 flessen wijn op de boot gebracht. Vandaar kwamen we bij Eltville waar ik mijn tolbrief liet zien en ze hieven geen tol. Daarna kwamen we bij Rudesheim. Ook heb ik nog 2 weisspfennig gegeven voor het inladen. Daarna kwamen we bij Ehrenfels, daar liet ik mijn tolbrief zien en toen moest ik 2 goudgulden geven; maar als ik binnen twee maanden een vrijbrief zou brengen, zou de tolgaarder mij die 2 goudgulden weer teruggeven. Daarna kwamen we in Bacherach, daar moest ik schriftelijk verklaren dat ik binnen twee maanden de tol zou betalen of een vrijbrief zou langsbrengen. Daarna kwamen we in Kaub, daar toonde ik opnieuw mijn tolbrief maar die hielp me niet verder, ik moest net als daarvoor een schriftelijke verklaring afgeven. Daarna heb ik 11 heller uitgegeven. Daarna kwamen we bij St. Goar, daar liet ik mijn tolbrief zien en de tolgaarder vroeg hoe men mij elders behandeld had. Toen zei ik dat ik hem geen geld zou geven. Ik heb 2 weisspfennig aan de bode[12] gegeven. Daarna kwamen we bij Boppard en ik liet mijn tolbrief zien aan de tol van Trier en daar lieten ze me door. Alleen moest ik schriftelijk met mijn signet bevestigen dat ik geen gewone handelswaar vervoerde en toen liet hij mij bereidwillig door. Daarna kwamen we bij Lahnstein en ik liet mijn tolbrief zien en de tolgaarder liet mij gaan, maar hij verzocht mij bij de genadige heer van Mainz[13] zijn voorspraak te willen zijn. Hij schonk me ook een kan wijn, want hij kende mijn vrouw goed[14] en verheugde zich mij te zien. Daarna kwamen we bij Engers dat onder Trier valt en ik liet mijn tolbrief zien en ze lieten me vrij door. Ik zei ook dat ik me hierover bij de Heer van Bamberg lovend zou uitlaten. Daarna kwamen we bij Andernach en ik liet mijn tolbrief zien en ze lieten me vrij door. En ik gaf daar 7 heller uit aan eten en drinken plus nog 4 heller.

Aldus voer ik op St. Jacobsdag[15] al vroeg van Andernach naar Linz. Vandaar voeren we naar de tol van Bonn, waar ze me doorlieten. Daarna kwamen we bij Keulen. En op de boot heb ik 9 plus 1 weisspfennig aan eten en drinken uitgegeven en 4 pfennig aan fruit. In Keulen heb ik 7 weisspfennig betaald voor het uitladen en aan de scheepsknechten 14 heller. En aan mijn neef Nicolaas[16] heb ik mijn zwarte gevoerde en met fluweel afgezette mantel gegeven en aan zijn vrouw een gulden. Hieronymus Fugger heeft mij in Keulen wijn aangeboden. Ook Jan Grosserpecker heeft me wijn aangeboden. En mijn neef Nicolaas heeft me wijn aangeboden. Ook hebben ze ons in het klooster van de barrevoetspaters een lichte maaltijd gegeven en een monnik heeft mij een zakdoek geschonken. Bovendien heeft mijnheer Johann Grosserpecker mij 12 kannen van de beste wijn aangeboden. Ook heb ik 2 weisspfennig plus 8 heller voor de jongen betaald. Verder heb ik in Keulen 2 gulden plus 14 weisspfennig aan eten besteed en 10 weisspfennig voor het pakken; 3 pfennig voor fruit. Verder heb ik 1 weisspfennig fooi gegeven en 1 weisspfennig aan de bode.

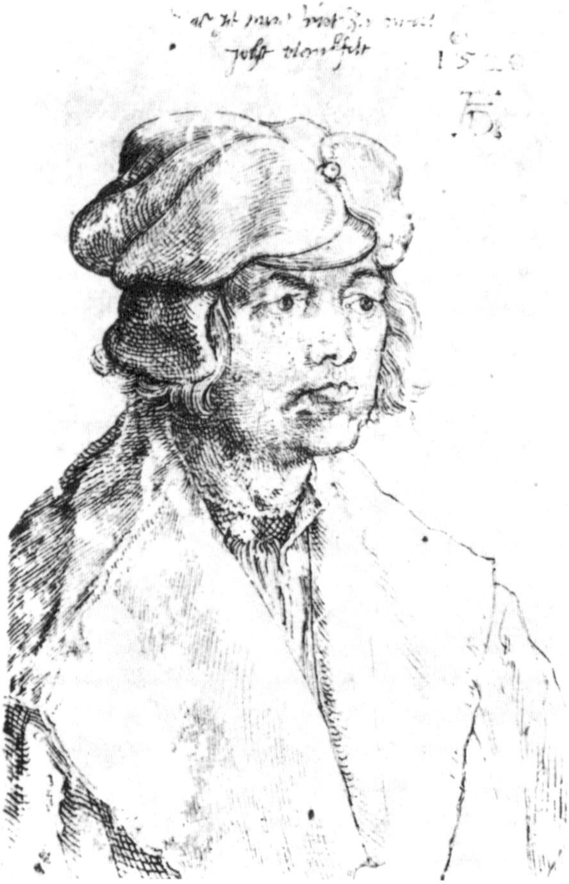

Joost Blanckfelt

Daarna gingen we op St. Pantaleonisdag[17] van Keulen naar een dorp dat Büsdorf heet, daar overnachtten we en gaven 3 weisspfennig uit aan eten en drinken. En 's zondags vertrokken we vroeg naar Rodingen waar we 's morgens aten voor 2 weisspfennig en 3 pfennig plus nog 3 pfennig. Toen kwamen we bij Frei-Aldenhoven, waar we bleven overnachten en 3 weisspfennig aan eten uitgaven. Daarna gingen we maandagmorgen vroeg op weg naar Frelenberg en langs het stadje Gangelt en we aten 's morgens in een dorp dat Süsterseel heet en betaalden 2 weisspfennig en 2 heller, plus 1 weisspfennig, plus nog 2 weisspfennig. Daarna gingen we naar Sittard, een mooi stadje, vandaar naar Stockhem dat onder Luik valt; daar hadden we een aardige herberg waar we bleven overnachten en 4 weisspfennig uitgaven.

En toen we de Maas overgestoken waren, gingen we dinsdagmorgen vroeg op weg en we kwamen bij Mertenslinden. Daar aten we 's morgens voor 2 stuivers en ik betaalde 1 weisspfennig voor een jong haantje. Daarna gingen we over de heide verder en we kwamen bij Stosser, waar we voor 2 stuivers aten en bleven overnachten. Daarna gingen we woensdagmorgen vroeg naar West-Meerbeek, daar heb ik voor 3 stuivers brood en wijn gekocht en we gingen verder tot Branthoek waar we 's morgens aten voor 1 stuiver. Daarna reden we naar Uylenberg, daar bleven we overnachten en gaven 3 stuivers en 2 pfennig uit aan eten en drinken. Daarna reden we op donderdag vroeg naar Op ten Kruys, waar we 's morgens aten voor 2 stuivers.

In Antwerpen

Daarna reisden we naar Antwerpen. Daar ging ik naar de herberg van Joost Blanckfelt;[18] en dezelfde avond nodigde Bernard Stecher mij namens de factorij Fugger[19] uit, bood ons een voortreffelijke maaltijd aan, maar mijn vrouw at in de herberg. En aan de voerman heb ik voor het vervoer van ons drieën[20] 3 goudgulden gegeven en aan Staber voor het vervoer van onze spullen...

Op zaterdag na St. Petrus Branden[21] bracht mijn gastheer me naar het burgemeestershuis[22] in Antwerpen, pas gebouwd en buitengewoon groot en heel mooi ingericht met heel veel fantastisch mooie grote kamers, een prachtig versierde toren, een heel grote tuin, kortom, zo'n schitterend huis als ik in geen van de Duitse landen ooit heb gezien. Ook is er een hele nieuwe, erg lange straat, die ter wille van hem en met zijn steun is aangelegd, waardoor men van beide kanten naar zijn huis kan lopen. Ik heb de bode 3 stuivers gegeven, 2 pfennig voor brood, 2 pfennig voor inkt.

En op zondag, het was op St. Oswald,[23] nodigden de schilders me met mijn vrouw en dienstbode uit in hun gildehuis en ze hadden zilveren serviesgoed en andere kostbare siervoorwerpen en overheerlijk eten. Al hun vrouwen waren er ook. En toen ik naar de tafel werd geleid stond iedereen aan beide zijden van de tafel op, alsof er een groot man binnenkwam. Onder hen waren ook deftige personen van naam die allemaal met een diepe buiging onderdanig hun respect toonden. En ze zeiden dat ze zo veel mogelijk alles wilden doen wat ik maar zou wensen. En terwijl ik daar geëerd werd, kwam

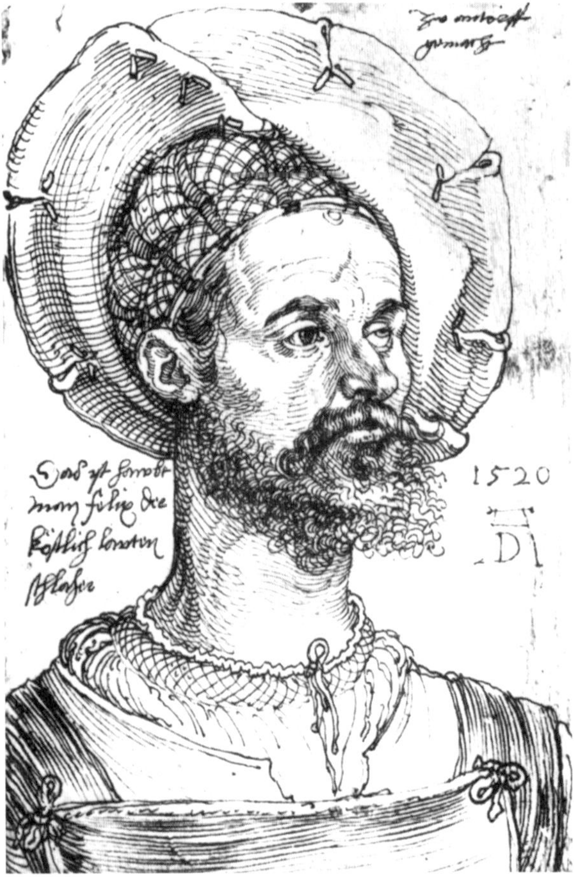

Hoofdman Felix Hungersperg

de heer van Antwerpen, Herbouts,[24] met twee knechten en hij bood mij namens de heren van Antwerpen 4 kannen wijn aan, met de boodschap dat ik dit als een eerbetoon moest zien en als bewijs van hun goede wil. Daar bedankte ik hen onderdanig voor en bood mijn onderdanige diensten aan. Daarna kwam meester Peter, de stadstimmerman,[25] en hij schonk mij twee kannen wijn en bood mij bereidwillig zijn diensten aan. Zo zaten we lange tijd vrolijk bij elkaar tot laat in de nacht, toen begeleidden ze ons met lantaarns veilig naar huis en vroegen mij hun goede wensen in ontvangst te nemen en ze wilden me bij alles wat ik maar wenste behulpzaam zijn. Ik bedankte hen en ging naar bed.

Ook ben ik in het huis van meester Quinten geweest.[26] En ik ben op hun drie grote schuttersvelden geweest. Ik heb voortreffelijk gegeten met Staiber.[27] Een andere keer met de factor van Portugal,[28] wiens portret ik met houtskool heb getekend. Verder heb ik een portret van mijn waard gemaakt. Joost Blanckfelt gaf mij een tak witte koraal. Twee stuivers voor boter betaald. 2 stuivers aan de meubelmakers in het arsenaal van de schilders.[29] Mijn waard heeft me naar de schilderswerkplaats in het arsenaal van Antwerpen gebracht, waar ze de triomfbogen maakten voor de intocht van koning Karel.[30] Het hele werk is vierhonderd bogen lang en iedere boog is veertig voet en het wordt aan beide zijden van de straten opgericht, fraai gerangschikt, in twee verdiepingen, waarop ze voorstellingen geven. En de kosten voor het maken zijn 4000 gulden voor de meubelmakers en schilders. Ook willen ze alles fraai omlijsten en het geheel is buitengewoon mooi gemaakt.

Ik heb opnieuw met de Portugees[31] gegeten. Ook heb ik een keer met Alexander Imhoff[32] gegeten. Sebald Fischer kocht van mij in Antwerpen 16 *Kleine Passies*[33] voor 4 gulden. Voorts 32 grote boeken[34] voor 8 gulden. Voorts 6 maal de *gegraveerde Passie*[35] voor 3 gulden. Dan nog 20 halve vellen met van alles en nog wat voor 1 gulden, daarvan heeft hij er voor 3 gulden genomen. Plus voor 1 ort en 5 gulden kwartovellen van 45 stuks voor 1 gulden. Voor 1 ort en 5 gulden hele vellen met van alles en nog wat van 8 vellen voor 1 gulden. Is betaald. Mijn waard heb ik een doekje van *Maria* verkocht voor 2 Rijnlandse gulden. Ook heb ik Felix de luitspeler[36] weer getekend. 1 stuiver voor peren en brood. 2 stuivers voor het baden. Verder heb ik 14 stuivers voor 3 paneeltjes gegeven. Plus 4 stuivers voor de witte grondering. Verder heb ik een keer gegeten met Alexander,[37] de goudsmid. Bovendien een keer met Felix. Een keer heeft meester Joachim[38] met me gegeten. En zijn knecht ook een keer. Ik heb voor de schilders een ontwerp gemaakt en licht ingekleurd.[39] Ik heb 1 gulden voor eten en drinken gebruikt. Ik heb de 4 nieuwe stukjes[40] aan Peter Wolfgang gegeven. De knecht van meester Joachim heeft nog eens met mij gegeten. Ik heb meester Joachim voor 1 gulden aan kunst geschonken, omdat hij mij zijn knecht en zijn verf heeft geleend en zijn knecht heb ik voor 3 pond aan kunst geschonken. Ook heb ik Alexander, de goudsmid, de 4 nieuwe stukken geschonken. Die Genuees, Tommaso Florianus Romanus genaamd, geboren in Luca en zijn twee broers, genaamd Vincentio en Gerardo, alle drie Bombelli's,[41] teken ik met houtskool. Ik heb zo vaak met

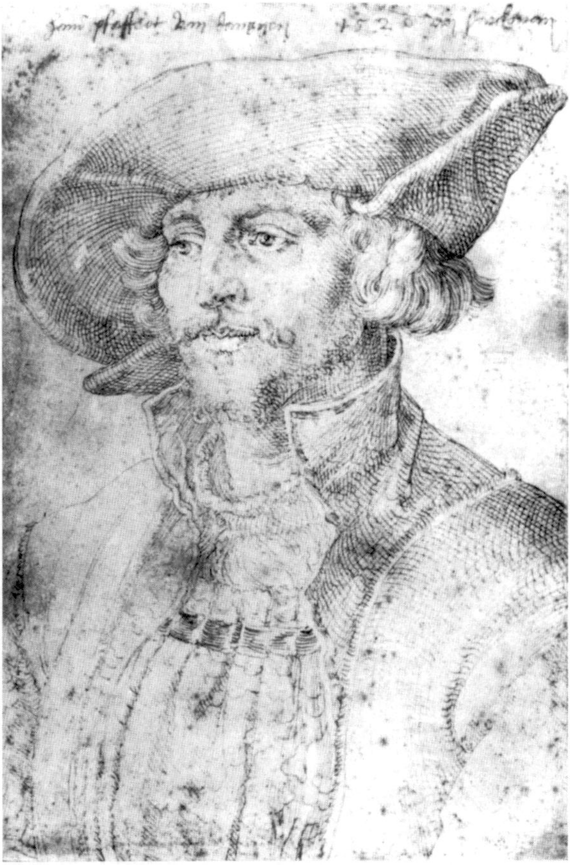

Hans Pfaffroth von Danzig

Tommaso gegeten: |||||||||||.[42] De rentmeester[43] heeft mij een op linnen geschilderd kinderkopje geschonken. Bovendien een houten schild uit Calcutta[44] en een van bamboe. Tommaso gaf mij ook een van vliertwijgen gevlochten hoed. Ik heb nog eens met de Portugees gegeten. Ook heb ik de broer van Tommaso voor 3 gulden gravures geschonken. Bovendien heeft de heer Erasmus mij een Spaanse mantilla geschonken en drie mannenportretten. Voorts heeft de broer van Tommaso mij voor die 3 gulden aan gravures een paar handschoenen gegeven. Ik heb nog een keer een portret gemaakt van Tommaso's broer. Ook heb ik meester Augustin Lombard[45] de twee *Imagines*[46] geschonken. Ook heb ik een portret gemaakt van een Italiaan met een kromme neus, Opitius genaamd. Mijn vrouw en mijn dienstmeid hebben een dag bij mijnheer Tommaso thuis gegeten, dat zijn vier maaltijden.

De Onze Lieve Vrouwekerk in Antwerpen is ontzettend groot, zodat er veel missen tegelijk in kunnen worden opgedragen, zonder dat de een de ander hindert. En de altaren zijn rijk begiftigd; ze hebben daar de beste musici die er te vinden zijn. Er zijn veel vrome diensten in de kerk en er is prachtig steenwerk en speciaal een mooie toren. Ook ben ik in de rijke abdij van St. Michael geweest; ze hebben daar de mooiste stenen kloostergangen die ik ooit gezien heb en een prachtige troon in het koor. Maar in Antwerpen besparen ze niet op zulke dingen, want ze hebben geld genoeg.

Ik heb een portret gemaakt van de heer Nicolaas,[47] een astronoom die bij de koning van Engeland woont en mij in veel zaken van nut en van dienst is geweest. Hij is een Duitser, geboren in München. Verder heb ik

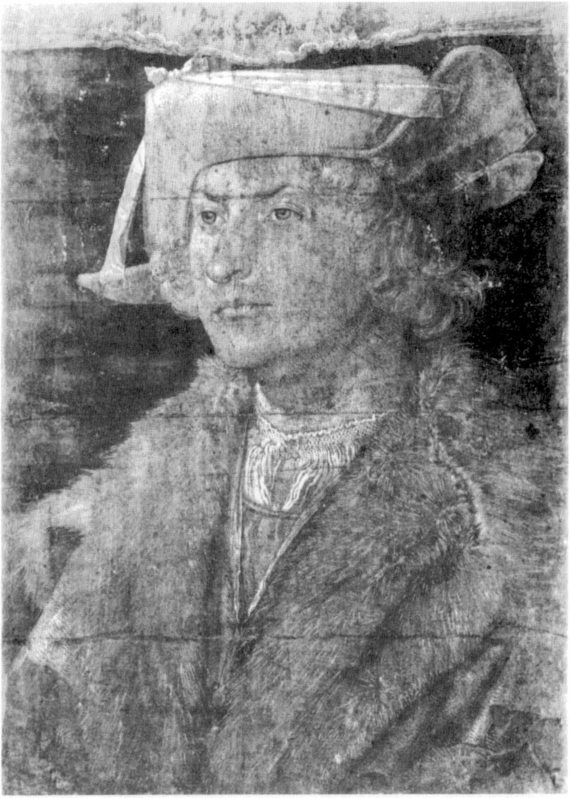

Rodrigo Fernandez d'Almada

een portret gemaakt van de dochter van Tommaso, juffrouw Zoete genaamd. En Hans Pfaffroth[48] heeft me een Philipsgulden gegeven omdat ik hem met houtskool heb getekend. Ik heb weer een keer met Tommaso gegeten. De zwager van mijn waard heeft me een keer uitgenodigd en ook mijn vrouw. Verder heb ik 2 slechte gulden gewisseld in 24 stuivers voor eten en drinken. Dan heb ik nog 1 stuiver fooi gegeven aan iemand die mij een paneel heeft laten zien.

Op zondag na Maria Hemelvaart heb ik de grote processie gezien van de Onze Lieve Vrouwekerk in Antwerpen, waarbij de hele stad aanwezig was, alle beroepen en standen en ieder was naar zijn stand op zijn mooist gekleed. En iedere stand en ieder gilde had zijn symbolen, waaraan ze te herkennen waren. En tussen de groepen werden grote, fraaie kandelaars gedragen en hun oude, zilveren, lange Frankische bazuinen. Er waren ook op z'n Duits heel veel blazers en trommelslagers. Er werd hard geblazen en alles werd met veel lawaai gebracht. Ik zag ze in de straten in rijen voorbijkomen, op afstand van elkaar, zodat er een grote ruimte tussen de groepen was, maar dicht op elkaar: de goudsmeden, schilders, steenhouwers, borduurders, beeldhouwers, meubelmakers, timmerlui, schippers, vissers, slagers, leerbewerkers, lakenwevers, bakkers, kleermakers, schoenmakers en allerlei handwerkslieden en diverse handarbeiders en kooplieden met etenswaren. Evenzo waren er kruideniers, kooplui en hun knechten van allerlei soort. Achter hen kwamen de kloveniers, de boog- en kruisboogschutters, de ruiters en het voetvolk. Daarna volgde een grote schare ambtsdragers. Daarna een hele stoet voorname lieden, in prachtige en kostbare kledij. Maar voor hen liepen heel devoot alle klooster-orden en vrome stichtingen in grote verscheidenheid. Er was in deze processie ook een grote groep weduwen, die met handenarbeid de kost verdienden en volgens bepaalde regels leefden[49] en allemaal gekleed gingen in witte gewaden die van het hoofd tot de grond reikten, wat heel aangrijpend was. Onder hen zag ik heel voorname personen. En de domheren van de Onze Lieve Vrouwekerk met al hun priesters, leerlingen en kostbaarheden liepen achteraan. 20 personen droegen de Maagd Maria met het kindje Jezus, zo kostbaar mogelijk versierd, God ter ere. In deze processie waren erg veel hartverwarmende dingen te zien die erg fraai waren uitgevoerd. Zo werden er veel wagens getrokken met rijdend toneel op schepen en andere constructies. Daaronder een schare profeten, daarna het Nieuwe Testament, zoals de boodschap aan Maria, de heilige drie koningen die op grote kamelen en andere merkwaardige dieren reden, heel knap gedaan en ook de vlucht van Onze Lieve Vrouw naar Egypte, heel devoot en veel andere dingen die ik hier kortheidshalve maar weglaat. Op het laatst kwam er een grote draak die door de heilige Margaretha met haar maagden aan een riem werd meegevoerd; die was bijzonder aardig. Toen volgde Sint Joris met zijn schildknapen, een heel knappe kurassier. Ook reden er in de groep veel jongens en meisjes mee, sierlijk en kostbaar gekleed in kostuums van verschillende landen, die allerlei heiligen voorstelden. Van het begin tot het einde duurde het meer dan twee uur eer die processie ons huis voorbij was. Er waren zo veel dingen, dat ik ze in geen boek zou kunnen beschrijven en ik laat het dus hierbij.

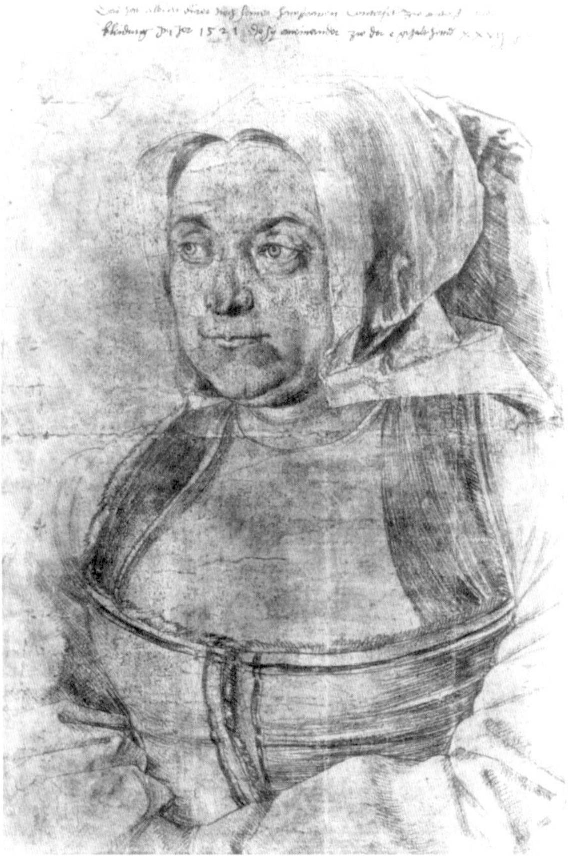

Agnes Dürer in Nederlandse klederdracht

Ik ben in Antwerpen in het huis van Fugger geweest, nieuw en heel schitterend gebouwd met een aparte toren, breed en hoog, en met een grote tuin en ik heb ook zijn mooie hengst gezien. Tommaso heeft mijn vrouw 14 el van goede dikke Arrasstof[50] gegeven voor een mantel en drieëneenhalve el satijn voor de voering. Ik heb voor de goudsmeden een schets gemaakt voor de versiering van een vrouwenmuts. De factor van Portugal heeft Franse en Portugese wijn voor mij in de herberg afgeleverd. Evenzo heeft señor Rodrigo[51] me een vaatje gekonfijte vruchten gegeven, allerlei soorten, plus daarbij een doosje kandijsuiker, plus twee grote schotels met uitgekristalliseerde honing, marsepein en andere zoetigheid en wat suikerriet, zoals dat groeit. Daarom heb ik zijn knecht 1 gulden fooi gegeven. Verder heb ik voor mijn verteringen opnieuw een slechte gulden gewisseld voor 12 stuivers. De pilaren in de parochiekerk van het Sint Michaelsklooster in Antwerpen zijn allemaal uit één stuk goudgeaderd zwart marmer. Vanuit Antwerpen heb ik via de heer Gilgen,[52] deurwachter van koning Karel, aan meester Konrad,[53] een goede beeldhouwer, wiens gelijke ik nog niet heb gezien en die in dienst is van de dochter van de keizer, vrouwe Margaretha, een *Hieronymus in zijn cel*, *Melancholie*, *De drie nieuwe Maria's*, *Antonius* en *Veronica* geschonken. En meester Gilgen zelf een *Eustachius* en een *Nemesis*.[54]

Ik ben mijn waard 7 gulden, 20 stuivers en 1 heller schuldig, dat was op zondag voor St. Bartholomeus.[55] Voorts moet ik hem voor de kamer, slaapkamer en het beddengoed 11 gulden per maand geven. Ik heb op 20 augustus, dat was op maandag voor St. Bartholomeus, een nieuwe afspraak met hem gemaakt dat ik met hem eet en hem voor dat maal 2 stuivers geef en het drinken apart betaal; maar mijn vrouw en dienstbode mogen hier boven koken en eten. Ik heb de factor van Portugal een houtgesneden beeldje van een kind gegeven. Verder heb ik hem een *Adam en Eva* gegeven, een *Hieronymus in zijn cel*, een *Hercules*, een *Eustachius*, een *Melancholie* en een *Nemesis*; vervolgens op halve vellen de drie *nieuwe Maria's*, de *Veronica*, de *Antonius*, *Kerstmis*[56] en de *Kruisiging*[57]; dan de beste van de kwartovellen, totaal 8 stuks; dan de drie boeken: *Het leven van Onze Lieve Vrouw*, de *Apocalyps*, de *Grote Passie*; dan de *Kleine Passie* en de *Gegraveerde Passie*. Dat alles is 5 gulden waard. Evenveel heb ik aan señor Rodrigo gegeven, de andere Portugees. Rodrigo heeft mijn vrouw een kleine groene papegaai geschonken.

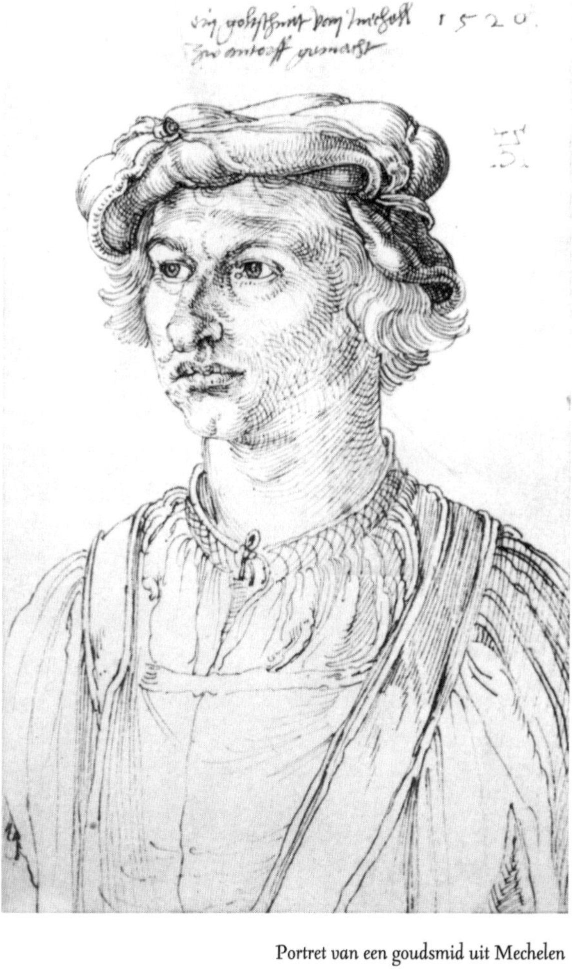

Portret van een goudsmid uit Mechelen

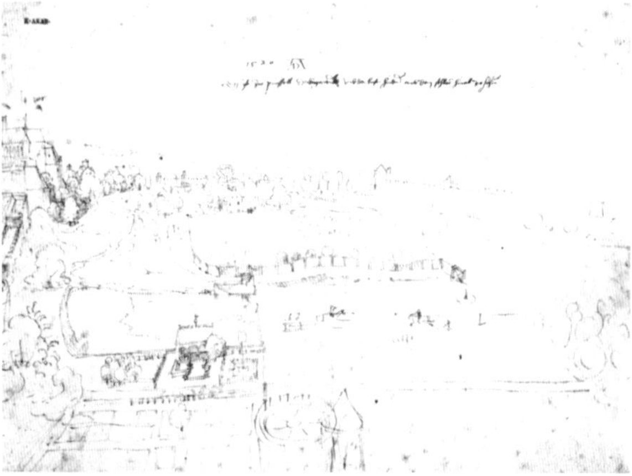

De dierentuin in Brussel

Bezoek aan Mechelen en Brussel

Op zondag na St. Bartholomeus ben ik met de heer Tommaso van Antwerpen naar Mechelen gegaan; daar hebben we overnacht en ik heb meester Konrad en een schilder uitgenodigd voor het avondeten. En deze meester Konrad is die goede houtsnijder die bij vrouwe Margaretha in dienst is. Van Mechelen reisden we door het stadje Vilvoorde en we kwamen 's maandags tegen de middag in Brussel aan. Ik heb de bode 3 stuivers gegeven. Ik heb met mijne heren[58] in Brussel gegeten. Ik heb ook een keer gegeten met de heer Banisius[59] en ik heb hem een *Gegraveerde Passie* geschonken. Ik heb markgraaf Hansen[60] van Brussel de aanbevelingsbrief gegeven, die de Aartsbisschop van Neurenberg geschreven had en ik heb hem een *Gegraveerde Passie* gegeven om hem te helpen herinneren. Ik heb nog eens met de heren uit Neurenberg gegeten. Ik heb in het raadhuis van Brussel in de gouden zaal 4 schilderijen gezien die de grote meester Rogier heeft gemaakt en achter het paleis van de koning[61] de fonteinen, het labyrint en de dierentuin, ik vond het bekoorlijk, net een paradijs; ik heb nog nooit zoiets gezien. Het mannetje dat bij Jacob Banisius voor mij het verzoekschrift[62] heeft geschreven, heet Erasmus.[63] In Brussel staat ook een heel fraai raadhuis, groot en met mooi beeldhouwwerk en een prachtige opengewerkte toren. Ik heb bij nacht met licht in Brussel een portret gemaakt van meester Konrad, die de waard was van de heren uit Neurenberg. In dezelfde tijd heb ik ook de zoon van dokter Lamparter met houtskool getekend en ook de waardin.

Ook heb ik de dingen gezien die ze voor de koning hebben meegebracht uit het nieuwe gouden land;[64] een zon, helemaal van goud, een vaam breed en net zo'n maan, even groot, helemaal van zilver en verder twee kamers met allerlei wapens, harnassen, geschut, schilden, bijzondere kleding, beddengoed en allerlei wonderlijke dingen voor algemeen gebruik die veel mooier zijn om te zien dan een wonder. Die dingen zijn allemaal zo kostbaar, dat men de waarde ervan schat op ongeveer honderdduizend gulden. En ik heb van mijn levensdagen niet iets gezien dat mij zoveel plezier heeft gedaan als dit. Want ik heb er wonderbare kunstzinnige voorwerpen bij gezien en me verbaasd over het subtiele vernuft van mensen in vreemde landen. En ik kan beslist niet genoeg vertellen over de dingen die ik aantrof. Ik heb overigens veel mooie dingen in Brussel gezien en speciaal een groot visbeen, het leek wel of het met vierkante brokken aan elkaar gemetseld was, het was een vaam lang en erg dik en het weegt zowat 15 centenaar[65] en heeft de vorm zoals hier getekend staat... en het zat bij de vis achter op zijn kop. Ik ben ook in het huis van de Nassau's geweest dat zo prachtig is gebouwd en zo mooi is gedecoreerd.[66] Ik heb nog tweemaal gegeten met mijne heren.

Vrouwe Margaretha heeft iemand in Brussel naar me toe gestuurd en mij beloofd dat ze mijn voorspraak zal zijn bij koning Karel en ze heeft zich tegenover mij bijzonder hartelijk getoond. Ik heb haar mijn *Gegraveerde Passie* geschonken, en ook een aan haar penningmeester, Jan Marnix geheten, en ik heb zijn portret ook met houtskool getekend. Ik heb twee stuivers voor een buffelringetje gegeven. Verder twee stuivers om me het schilderij van

St. Lucas[67] te laten zien. Toen ik in het huis van Nassau was, heb ik daar in de kapel het mooie schilderij gezien dat meester Hugo[68] heeft gemaakt. En ik heb de twee mooie grote zalen gezien en alle kostbaarheden die zich her en der in het huis bevinden, ook het grote bed, waarin vijftig mensen kunnen liggen.[69] En ik heb de grote steen gezien die door het onweer naast de heer van Nassau in het veld was ingeslagen. Dit huis ligt hoog, vandaaruit heb je het mooiste uitzicht, daar kun je je over verbazen. En ik geloof dat er in geen van de Duitse landen iets dergelijks te vinden is.

Meester Bernard, de schilder, heeft me uitgenodigd en hij had zo'n voortreffelijke maaltijd klaargemaakt, dat ik geloof dat deze met 10 gulden nog niet betaald zou zijn. Bovendien waren er om mij gezelschap te houden uitgenodigd: de rentmeester van vrouwe Margaretha, wiens portret ik getekend heb, de hofmeester van de koning, Metenije geheten, en de rentmeester van de stad, Busleijden.[70] Hem heb ik een *Gegraveerde Passie* gegeven en hij heeft mij een zwarte Spaanse tas geschonken, die 3 gulden waard is. En Erasmus van Rotterdam heb ik ook een *Gegraveerde Passie* geschonken. Ook heb ik aan Erasmus, de secretaris van Banisius, een *Gegraveerde Passie* geschonken. De man die mij in Antwerpen het kinderkopje heeft gegeven heet Lorenz Sterck. Ik heb meester Bernard, de schilder van vrouwe Margaretha, met houtskool getekend. Ik heb Erasmus van Rotterdam nog een keer getekend. Ik heb Lorenz Sterck een zittende *Hieronymus* geschonken en de *Melancholie*. En ik heb een portret gemaakt van de peettante van mijn waardin. Zes personen die ik

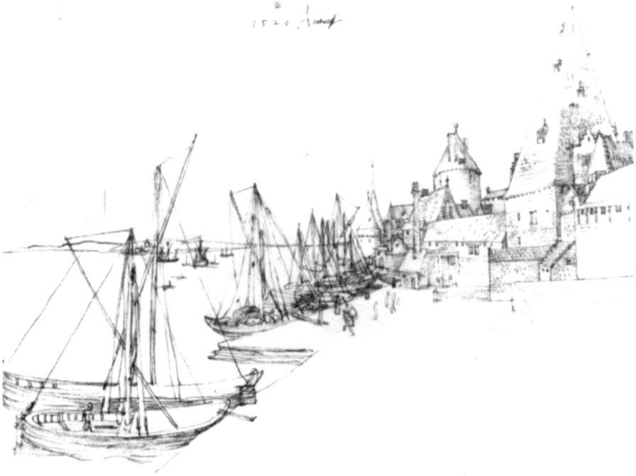

De haven van Antwerpen bij de Scheldepoort

in Brussel heb getekend hebben mij niets gegeven. Ik heb 3 stuivers uitgegeven voor 2 buffelhoorns en een stuiver voor twee *Uilenspiegels*.[71]

Ik ben dus op zondag na St. Egidius[72] met de heer Tommaso naar Mechelen gereden en ik heb afscheid genomen van Hans Ebner. En hij heeft niets willen aannemen voor de 7 dagen dat ik bij hem in de kost ben geweest. Voor Hans Geuder[73] heb ik een stuiver uitgegeven. En ik heb een stuiver fooi gegeven aan de knecht van de waard. En in Mechelen heb ik 's avonds met vrouwe van Nieuwekerke gegeten. En vanuit Mechelen ben ik 's maandags vroeg naar Antwerpen gegaan. En ik heb vroeg met de Portugees gegeten, die mij drie porseleinen vazen[74] gaf en Rodrigo gaf me een paar kalkoenenveren. Ik heb 1 gulden aan eten en drinken uitgegeven; de bode heb ik 2 stuivers gegeven. Ik heb voor Susanne een mantel gekocht voor 2 gulden, 1 ort. Mijn vrouw heeft voor een wasbak, een blaasbalg, een kom, pantoffels voor haarzelf, hout om op te koken, een kniebroek, plus een papegaaienkooi, 2 kroezen en aan fooien 4 Rijnlandse gulden uitgegeven. Bovendien heeft mijn vrouw 21 stuivers uitgegeven aan eten, drinken en allerlei benodigdheden.

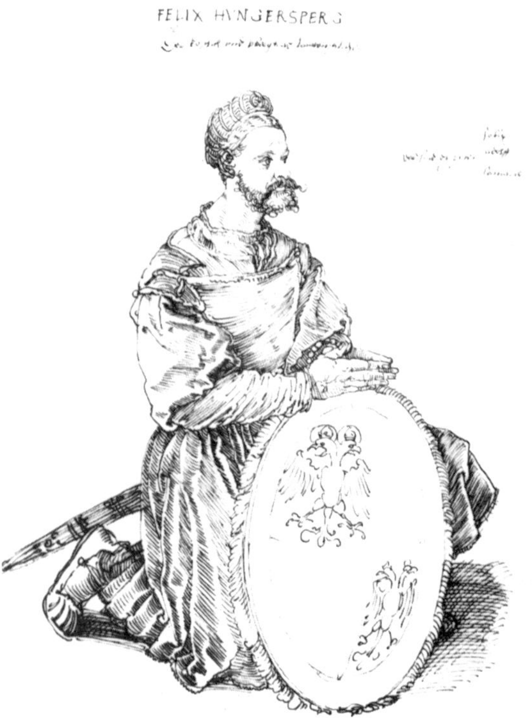

Hoofdman Felix Hungersperg

Op maandag na St. Egidius ben ik weer bij Joost Blanckfelt ingetrokken en ik heb het aangegeven aantal keren bij hem gegeten: |||||||||||||||||. Ik heb Nicolaas, de knecht van Tommaso, 1 stuiver gegeven. Ik heb 5 stuivers voor het lijstje betaald, plus nog een stuiver. Mijn waard heeft me een kokosnoot gegeven en een oude Turkse zweep. En ik heb opnieuw ||||||||||||| keer met Tommaso gegeten. De twee heren Von Rogendorff[75] hebben me ook uitgenodigd. Ik heb een keer met hen gegeten en ik heb op een stuk hout een groot wapen voor hen getekend voor een houtsnede.

Ik heb een stuiver weggegeven. Mijn vrouw heeft een gulden gewisseld voor 24 stuivers voor het eten. Ik heb twee stuivers fooi gegeven. Ik heb een keer met de jonge Jacob Rehlingen[76] in het huis van Fugger gegeten en ik heb nog een keer met hem gegeten. Mijn vrouw heeft een gulden gewisseld voor 24 stuivers voor het eten. Ik heb Wilhelm Hauenhut, de bediende van hertog Frederik,[77] graaf van de Pfalz, een gravure van Hieronymus geschonken en de twee nieuwe halve vellen: *Maria* en *Antonius*. Voorts heb ik de heer Jacob Banisius een goed geschilderd *Gezicht van Veronica* geschonken, een *Eustachius*, een *Melancholie* en een *Zittende Hieronymus*, een *Heilige Antonius*, de 2 *nieuwe Maria's* en de *nieuwe Boeren* geschonken. Dan heb ik zijn secretaris Erasmus, die voor mij het verzoekschrift heeft geschreven, een *Zittende Hieronymus*, een *Melancholie*, een *Antonius*, de 2 *nieuwe Maria's*, de *Boeren* geschonken en ik heb hem ook nog 2 kleine *Maria's* gestuurd en alles wat ik hem gegeven heb is 7 gulden waard. Ik heb meester Marx,[78] de goudsmid, een *Gegraveerde Passie* gegeven en daar heeft hij mij 3 gulden voor betaald. Bovendien heb ik voor mijn kunst 3 gulden en 20 stuivers ontvangen. Aan de glazenier Höniger heb ik 4 kleine kopergravures geschonken. Ik heb met de heer Banisius gegeten: |||. Ik heb 4 stuivers uitgegeven voor houtskool en zwart krijt. Ik heb 1 gulden en 8 stuivers voor hout uitgegeven. Ik heb zoveel keer met de heren van Neurenberg gegeten: ||||||||||.

De glazenier meester Dietrich[79] heeft me de rode kleurstof gestuurd die in de nieuwe bakstenen van Antwerpen wordt verwerkt. Ik heb een portret van meester Jacob uit Lübeck met houtskool getekend, hij heeft mijn vrouw een Philipsgulden geschonken. Ik heb weer een Philipsgulden gewisseld voor verteringen. Ik heb de dokter van vrouwe Margaretha een kopergravure *Zittende Hieronymus* gegeven. Ik heb een houtsnede verkocht voor 12 stuivers, voor 4 stuivers een *Adam en Eva*. Felix, de hoofdman en luitspeler, heeft van mij een grote kopergravure gekocht en een houtsnede, plus een *Gegraveerde Passie*, 2 halve vellen en 2 kwartovellen voor 8 goudgulden; ik heb hem toen nog een grote kopergravure gegeven. Ik heb een portret van de heer Banisius met houtskool getekend. Rodrigo heeft me nog een papegaai geschonken en ik heb zijn knechtje 2 stuivers fooi gegeven. Ik heb de bazuinblazer Johan van den Winckel een kleine houtsnede gegeven, een *Hieronymus in zijn cel* en een *Melancholie*. Ik heb 6 stuivers voor een paar handschoenen uitgegeven. Ik heb 5 stuivers voor een bamboe stok betaald en George Schlautersbach[80] heeft me er ook een cadeau gedaan, die 6 stuivers kost. Ik heb een keer gegeten met Wolff Haller,[81] die bij Fugger in dienst is, toen hij de heren van Neurenberg had uitgenodigd. En ik heb voor 2 Philipsgulden en 6 stuivers aan kunst verkocht. Ik heb weer een keer met mijn vrouw gegeten. Aan de jongen van Hans Denes heb ik 1 stuiver fooi gegeven. Ik heb voor 100 stuivers aan kunst verkocht. Ik heb meester Jacob,[82] de schilder van Von Rogendorff, met houtskool geportretteerd en ik heb het wapen van Von Rogendorff op hout getekend, waarvoor hij mij 7 el fluweel geschonken heeft.

Ik heb weer een keer met de Portugees gegeten: |. Ik heb van meester Jan Proost[83] uit Brugge met houtskool een portret getekend, hij gaf me 1 gulden. Voorts heb ik 23 stuivers betaald voor een konijnenpels. Ik heb in een brief van Fugger naar Augsburg aan Hans Schwarz 2 goudgulden voor mijn beeltenis[84] gestuurd. Ik heb 31 stuivers uitgegeven voor een rood wollen hemd.

Ik heb nog eens met Von Rogendorff gegeten. Ik heb 2 stuivers uitgegeven aan de kleurstof die je in baksteen vindt. Ik heb 9 stuivers uitgegeven aan een buffelhoorn. Ik heb een Spanjaard met houtskool geportretteerd. Ik heb weer met mijn vrouw gegeten: |. Ik heb 2 stuivers uitgegeven voor een Hollands pijpje. Ik heb 3 stuivers betaald voor twee schaaltjes van ahornhout. Felix[85] heeft twee van zulke schaaltjes aan mijn vrouw geschonken en meester Jacob, de schilder uit Lübeck, heeft er ook zo een aan mijn vrouw gegeven. Ik heb met Von Rogendorff gegeten: |.

Ik heb een stuiver betaald voor de prent *Intocht in Antwerpen*,[86] hoe de koning met een schitterende triomf-

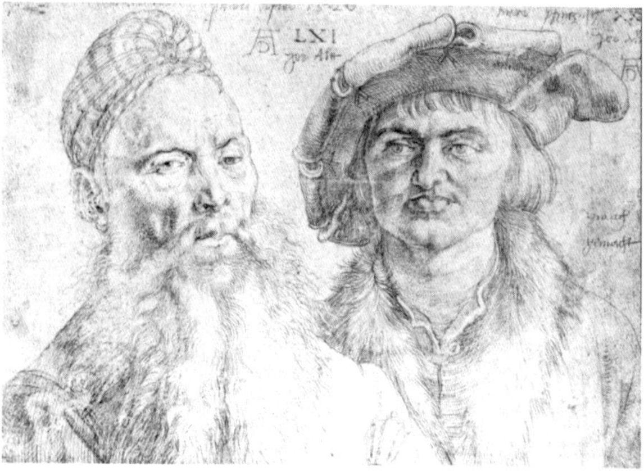

Paulus Topler en Merten Pfinzing

tocht werd ingehaald. Daar waren prachtig versierde triomfpoorten en wagenspelen met veel vrolijkheid en mooie vrouwen in tableaux vivants zoals ik maar zelden heb gezien. Ik heb 1 gulden gewisseld voor verteringen. Ik heb in Antwerpen de beenderen van de grote reus gezien. Het been boven de knie is vijfenhalve voet lang en buitengewoon zwaar en erg dik; een van zijn schouderbladen is even breed als de rug van een sterke man en er waren nog andere beenderen. En de man is 18 voet lang geweest, heeft in Antwerpen geregeerd en grote wonderen verricht, zoals de heren van de stad in een oud boek uitvoerig hebben beschreven.[87]

De bezittingen van Rafaël von Urbino[88] zijn na zijn dood verspreid. Maar een van zijn leerlingen, Thomas van Bologna[89] genaamd, een goede schilder, wilde me ontmoeten. Dus is hij bij mij gekomen en heeft mij een gouden ring gegeven, een antieke, met een mooi gesneden steen, die 5 gulden waard is, maar ze hebben me er al tweemaal zoveel voor willen geven. Ik heb hem op mijn beurt een paar van mijn beste prenten geschonken, die zijn 6 gulden waard. Verder heb ik voor katoenen stof 3 stuivers betaald. Ik heb de bode 3 stuivers gegeven. 3 stuivers heb ik met de gezellen uitgegeven. Ook heb ik aan vrouwe Margaretha, de zuster van de keizer,[90] een hele serie van al mijn prenten gegeven en ik heb voor haar met veel toewijding en grote zorgvuldigheid twee tekeningen op perkament gemaakt, dat schat ik op 30 gulden. En ik heb voor haar arts, de dokter, een huis moeten tekenen, zoals hij het wilde bouwen. Ik wil daar niet graag minder dan 10 gulden voor rekenen. Ik heb de knecht 1 stuiver gegeven en ik heb ook een stuiver betaald voor de baksteenkleurstof. Voorts heb ik de heer Nicolaas Ziegler[91] een *Liggende dode Christus* geschonken die 3 gulden waard is. Aan de Portugese factor een geschilderd kinderkopje, dat 1 gulden waard is. Ik heb 10 stuivers gegeven voor een buffelhoorntje. En een goudgulden voor een elandsvoet.

Ik heb een portret van meester Adriaan[92] met houtskool getekend. Ik heb 2 stuivers betaald voor *De Condemnatio* en *De Dialogus*.[93] 3 stuivers aan de bode gegeven. Ik heb meester Adriaan voor 2 gulden aan kunst geschonken. 1 gulden aan rood krijt uitgegeven. Ik heb van de heer Wolf von Rogendorff met de stift[94] een portret gemaakt. Ik heb 3 stuivers weggegeven. Ik heb een adellijke dame in het huis van Tommaso geportretteerd. Ik heb Nicolaas een *Hieronymus in zijn cel* en de twee nieuwe *Maria's* geschonken. Ik heb Thomas van Bologna op maandag na St. Michael[95] een hele serie van mijn prenten gegeven, die hij naar een andere schilder in Rome sturen zal, die mij op zijn beurt de prenten van Rafaël[96] zal zenden. Ik heb een keer met mijn vrouw gegeten. Ik heb 3 stuivers betaald voor het kleine traktaat. De Bolognees heeft mijn portret getekend,[97] dat hij mee wil nemen naar Rome. Ik heb 20 stuivers voor een elandsvoet gegeven. Bovendien heb ik 2 goudgulden en 4 stuivers voor het paneeltje voor de heer Hans Ebner betaald. Uit eten geweest. Ik heb een kroon gewisseld voor verteringen. Uit eten geweest. Ik neem 11 gulden mee naar Aken, voor onkosten. En van Ebner heb ik 2 gulden en 4 stuivers ontvangen. Ik heb 9 stuivers aan hout uitgegeven. Ik heb Meyding[98] 20 stuivers betaald voor het vervoer van mijn koffer. Ik heb een portret van een vrouw uit Brugge gemaakt, die mij daarvoor een Philipsgulden heeft gegeven. Ik heb 3 stuivers fooi gegeven; 2 stuivers voor pijnappels; 1 stuiver voor steenverf. Ik heb de bontwerker 13 stuivers gegeven, 1 stuiver voor leer. Ik heb 2 stuivers voor twee schelpen betaald. Ik heb in het huis van Johan Gabriel het portret van een Romaanse heer gemaakt, die mij 2 goudgulden heeft geschonken. Ik heb 2 gulden en 4 stuivers gegeven voor een valies.

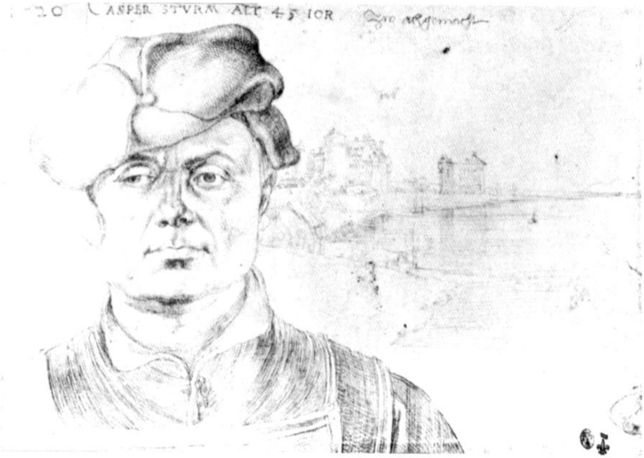

Caspar Sturm, een rivierlandschap

De reis naar Aken, Jülich en Keulen

Op donderdag na St. Michael[99] ben ik van Antwerpen naar Aken vertrokken en ik heb nog een gulden en een nobel meegenomen. En nadat ik door Maastricht gereden was, kwamen we bij Gulpen en vandaar op zondag bij Aken. Daar heb ik tot nu toe met reisgeld en al 3 gulden uitgegeven. In Aken heb ik de goed geproportioneerde zuilen gezien met de mooie kapitelen van groen en rood porfier en graniet, die Karel de Grote vanuit Rome hierheen had laten brengen en had laten inbouwen; ze zijn werkelijk naar Vitruvius' voorschriften[100] gemaakt.

In Aken heb ik een goudgulden voor een buffelhoorn betaald. Ik heb de heer Hans Ebner en George Schlaudersbach met houtskool getekend en Hans Ebner nog een keer. Ik heb 2 stuivers voor een fijne slijpsteen uitgegeven. Verder 5 stuivers besteed aan het baden en het drinken met mijn metgezellen. Ik heb een gulden gewisseld voor verteringen. Ik heb de stadsknecht die mij door de zaal[101] heeft rondgeleid 2 weisspfennig gegeven. Ik heb 5 weisspfennig besteed aan drinken met mijn metgezellen en baden. Ik heb met de heer Hans Ebner 7 stuivers verspeeld in de Spiegel.[102] Ik heb een portret van de jonge Christoph Groland[103] met houtskool getekend en ook een van mijn gastheer, Peter von Enden.[104] Ik heb 3 stuivers met mijn metgezellen uitgegeven en de bode heb ik een stuiver gegeven. Ik heb de portretten van Paulus Topler[105] en Merten Pfinzing[106] in mijn schetsboek getekend. Ik heb de arm van keizer Hendrik[107] gezien, het hemd en de

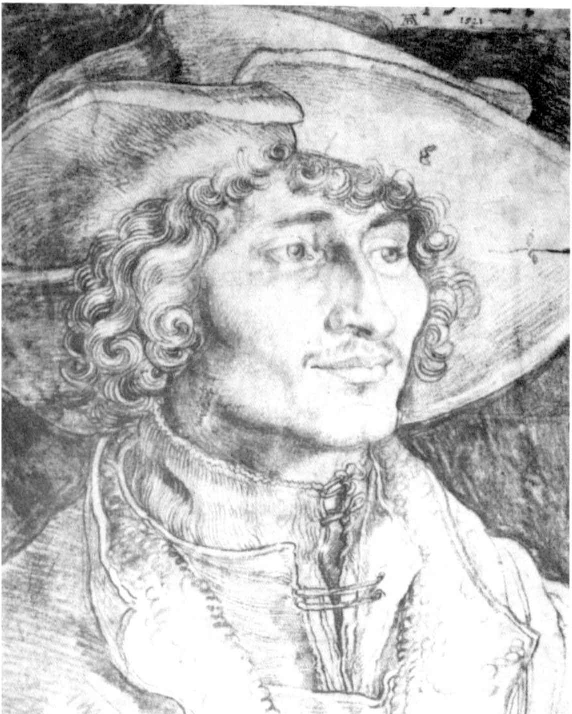

Portret van een jongeman

gordel van Onze Lieve Vrouw en andere relikwieën. Ik heb de Onze Lieve Vrouwekerk en de omgeving ervan getekend. Ik heb een portret van Sturm[108] getekend. Ik heb de zwager van Peter von Enden met houtskool getekend. Ik heb 10 weisspfennig uitgegeven aan een grote buffelhoorn. Ik heb 2 weisspfennig fooi gegeven. En ik heb een gulden gewisseld voor verteringen. Ik heb 3 weisspfennig verspeeld. Nog eens 2 stuivers verspeeld. 2 weisspfennig aan de bode gegeven. Ik heb de dochter van Tommaso de geschilderde *Drievuldigheid* geschonken, die is 4 gulden waard. Ik heb 1 stuiver voor het wassen uitgegeven. Ik heb de schoonzuster van Köpfinger[109] in Aken met houtskool getekend en nog eens met de stift. Ik heb 3 weisspfennig voor het baden uitgegeven. Ik heb 2 weisspfennig voor een buffelhoorn betaald. Ook 2 weisspfennig voor een gordel. Voorts heb ik 1 Philipsgulden uitgegeven voor een scharlaken borstdoek. 6 pfennig voor papier. Ik heb een gulden voor verteringen gewisseld. Ik heb 2 weisspfennig voor het wassen betaald.

Op 23 oktober werd koning Karel in Aken gekroond; toen heb ik alle pracht en praal gezien die geen levende ziel ooit heeft aanschouwd, alles, zoals het is beschreven.[110] Ik heb Mathes[111] voor 2 gulden aan kunst geschonken. Ook heb ik Stefan, kamerheer van vrouwe Margaretha, 3 kunstwerken geschonken. Ik heb voor 1 gulden en 10 weisspfennig een cederhouten rozenkrans gekocht. Ik heb een stuiver gegeven aan Hansje in de stal en een stuiver aan het kind in huis. Ik heb drieëneenhalve stuiver verspeeld, 2 stuivers aan verteringen en 2 stuivers aan de barbier uitgegeven.

Ik heb een gulden gewisseld. Ik heb bij het afscheid 7 weisspfennig aan het huis gegeven.

En ik ben van Aken naar Jülich gereden en vandaar naar... Ik heb 4 stuivers voor 2 brillenglazen betaald; 2 stuivers verspeeld aan een in zilver geslagen koning.[112] Ik heb 2 weisspfennig uitgegeven voor 2 buffelhoorns.

Aldus heb ik op vrijdag voor Simon en Judas afscheid genomen van Aken en ben ik naar Düren gegaan en daar in de kerk geweest waar het hoofd van St. Anna is. Vandaar gingen we verder en kwamen op zondag, de dag van Simon en Judas,[113] in Keulen aan. In Brussel hebben de heren van Neurenberg de herberg, het eten en drinken betaald en ze hebben daarvoor van mij niets terug willen hebben. Net zo heb ik in Aken 3 weken met hen gegeten en ze hebben me naar Keulen gebracht en ook daar niets voor willen hebben.

Ik heb een traktaat van Luther gekocht voor 5 weisspfennig. Plus voor een weisspfennig de Condemnatio van de vrome man. Plus een weisspfennig voor een rozenkrans. Plus 2 weisspfennig voor een riem. Plus een weisspfennig voor een pond kaarsen. Ik heb een gulden gewisseld voor verteringen. Ik heb de heer Leonard Groland mijn grote buffelhoorn moeten geven. En ik heb de heer Hans Ebner mijn cederhouten rozenkrans moeten geven. 6 weisspfennig voor een paar schoenen uitgegeven. Ik heb 2 weisspfennig voor een doodskopje uitgegeven. Ik heb een weisspfennig betaald voor bier en brood. Plus een weisspfennig voor een galon. Ik heb 2 boden 4 weisspfennig gegeven. Ik heb de dochter van Nicolaas 2 weisspfennig gegeven voor een suikerbrood.[114] En aan een bode een weisspfennig. Ik heb de heer

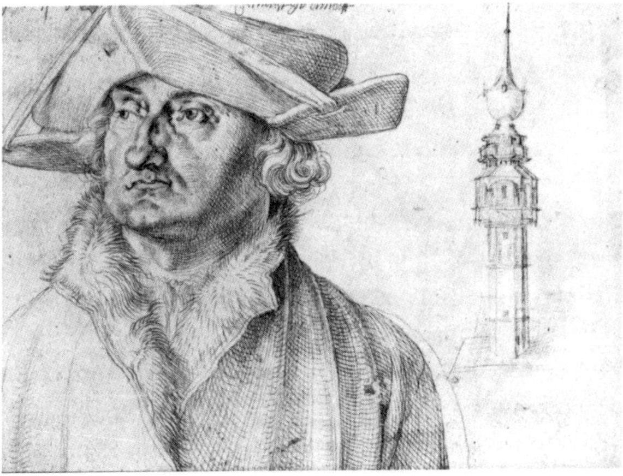

Lazarus von Ravensburger, het torentje van de Hof van Liere

Linhart van mijnheer Ziegler voor 2 gulden aan kunst gegeven. Ik heb de barbier 2 weisspfennig betaald. Ik heb 3 weisspfennig en nog 2 weisspfennig gegeven voor het tonen van het schilderstuk, dat meester Stefan uit Keulen heeft gemaakt.[115] Ik heb de bode 1 weisspfennig gegeven en voor 2 weisspfennig met mijn metgezellen gedronken. Ik heb de zuster van Gottschalk getekend. Ik heb 1 weisspfennig voor 1 traktaatje betaald.

Ik heb op zondagavond na Allerheiligen van het jaar 1520 in Keulen het bal en banket van de vorsten gezien in de balzaal van keizer Karel; het was schitterend ingericht. Ik heb voor Staiber zijn wapen op hout getekend. Ik heb een jonge graaf in Keulen een *Melancholie* geschonken en aan hertog Friedrich de nieuwe Mariaprent. Ik heb een portret van Nicolaas Heller met houtskool getekend. De deurwachter heb ik 2 weisspfennig gegeven. Ik heb 3 weisspfennig betaald voor 2 traktaatjes. Ik heb 10 weisspfennig voor een koeienhoorn uitgegeven. Ik ben in Keulen naar de kerk van St. Ursula geweest en naar haar graf en ik heb de relikwieën van de Heilige Maagd en andere grote heiligen gezien. Ik heb Förhnwerger met houtskool getekend. Ik heb voor eten en drinken 1 gulden gewisseld. Ik heb de vrouw van Nicolaas 8 weisspfennig gegeven, toen ze me uitnodigde om te komen eten. Ik heb 1 stuiver betaald voor 2 stuks kunst. De heer Hans Ebner en de heer Nicolaas Groland wilden geen kostgeld van mij aannemen voor 8 dagen in Brussel, 3 weken in Aken en 14 dagen in Keulen. Ik heb een portret gemaakt van de non en haar 7 weisspfennig gegeven. Ik heb haar ook 3 halve vellen met kopergravures geschonken.

Op maandag na St. Maarten van het jaar 1520 kreeg ik na grote moeite en inspanningen de toezegging van de keizer aan de heren van Neurenberg.[116] Ik heb de dochter van Nicolaas ten afscheid 7 weisspfennig gegeven en Nicolaas' vrouw 1 gulden en de dochter ook nog 1 ort ten afscheid en ik ben uit Keulen vertrokken. Daarvoor had Staiber me nog een keer uitgenodigd en mijn neef Nicolaas ook een keer en de oude Wolfgang ook een keer en ik ben nog eens uitgenodigd. Ik heb de knecht van Nicolaas bij het afscheid een *Eustachius* gegeven en zijn dochtertje nog een ort, want ze hebben veel moeite voor mij gedaan. Ik heb 1 gulden gegeven voor een doodskopje van ivoor. Voorts 1 weisspfennig voor een gedraaid doosje, plus 7 weisspfennig voor een paar schoenen en ik heb de knecht van Nicolaas bij het afscheid een *Nemesis* gegeven.

En ik ben op woensdag na St. Maarten vroeg vanuit Keulen per schip vertrokken en kwam tot... Ik heb 6 weisspfennig voor een paar schoenen betaald. Ik heb de bode 4 weisspfennig gegeven. Vanaf Keulen voer ik over de Rijn naar Zons. Van Zons naar Neuss, vandaar naar Stein, waar we de dag bleven liggen en ik 6 weisspfennig aan eten en drinken heb uitgegeven. Daarna voeren we naar Düsseldorf, een stadje, waar ik 2 weisspfennig heb uitgegeven. Vandaar naar Kaiserworth, dan naar Duisburg, ook een stadje, langs 2 kastelen: Angerort en Ruhrort, dan naar Orsoy, een stadje, dan naar Rheinberg, ook een stadje, waar ik heb overnacht en 6 weisspfennig heb uitgegeven. Vandaar voer ik naar de volgende stadjes: eerst Burg Wesel, daarna Emmerich. Toen kwamen we bij Tholhus[117] en vandaar ging het naar Nijmegen; daar bleven we overnachten en hebben 4 weisspfennig uitgegeven. Van Nijmegen voer ik naar Tiel, vandaar naar 's Hertogenbosch. Bij Emmerich hebben we stilgelegen en ik heb aan een kostelijke maaltijd drie weisspfennig uitgegeven. En ik heb daar een portret gemaakt van Peter Federmacher, een goed smidsgezel uit Antwerpen, en een vrouwenportret. De reden voor het stilliggen was dat we door een flinke storm werden overvallen. Verder heb ik nog 5 weisspfennig aan eten uitgegeven en 1 gulden gewisseld voor uitgaven. Ook heb ik de waard getekend. En we kwamen pas op zondag in Nijmegen aan. Ik heb de schipper 20 weisspfennig gegeven. Nijmegen is een mooie stad, heeft een mooie kerk en een fraai gelegen kasteel. Vandaar voeren we naar Tiel, daar verlieten we de Rijn[118] en we voeren op de Maas naar Herenwaarden, waar de twee torens staan, daar hebben we overnacht en die dag heb ik 7 stuivers uitgegeven aan eten en drinken. Vervolgens voeren we op dinsdag vroeg naar Bommel aan de Maas. Daar stak een hevige storm op, zodat we boerenpaarden huurden en zonder zadel naar 's Hertogenbosch reden. Het vervoer per schip en het paardrijden kostte 1 gulden. Den Bosch is een aardige stad en heeft een buitengewoon mooie kerk en een sterke vesting. Daar gaf ik 10 stuivers uit, hoewel Arnold de maaltijd voor mij heeft betaald. En de goudsmeden kwamen me opzoeken en ze bewezen me veel eer.

Daarna gingen we op de feestdag van Onze Lieve Vrouw[119] vroeg weg en kwamen door het bijzonder grote en mooie dorp Oosterwijk en 's morgens aten we in

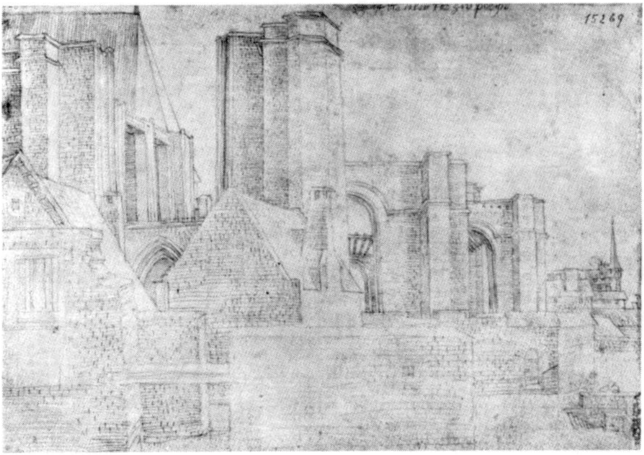

Het koor van de Grote Kerk in Bergen op Zoom

Tilburg en gaven daar 4 weisspfennig aan uit. Daarna kwamen we in Baarle, waar we bleven overnachten en 5 stuivers hebben uitgegeven. Mijn metgezellen kregen onenigheid met de waard en we gingen toen 's nachts nog naar Hoogstraten; daar stopten we twee uur en reden vervolgens langs St. Leonardskirchen naar Harscht, waar we 's morgens aten en 4 stuivers uitgaven.

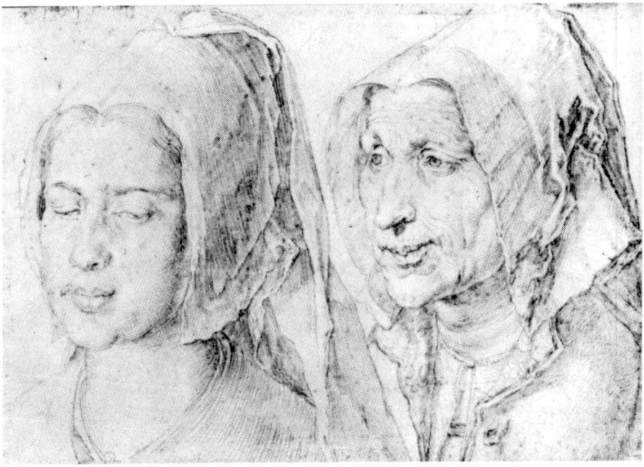

Een oude en een jonge vrouw

Derde verblijf in Antwerpen

Daarna reden we naar Antwerpen en we gaven de voerman 15 stuivers, dat was op donderdag na Onze Lieve Vrouw. Ik heb Johan, de knecht van Joosts zwager, een *Gegraveerde Passie* geschonken. En ik heb een portret van Nicolaas Sopalis gemaakt. En donderdag na de feestdag van Onze Lieve Vrouw in 1520 ben ik weer teruggekeerd in het huis van Joost Blanckfelt en ik heb zoveel keer met hem gegeten: |||||; mijn vrouw: ||. Ik heb een gulden gewisseld voor verteringen plus een kroon. En de zeven weken dat ik weggeweest ben, hebben mijn vrouw en de dienstbode 7 kronen uitgegeven aan eten en drinken en andere dingen gekocht ter waarde van 4 gulden. Ik heb 4 stuivers met mijn metgezellen opgemaakt. Ik heb zoveel keer met Tommaso gegeten: ||||||. Op St. Maarten hebben ze in Antwerpen in de Onze Lieve Vrouwekerk de riem van de beurs van mijn vrouw doorgesneden, er zat 2 gulden in. Dan is de beurs en wat er verder inzat ook 1 gulden waard geweest en er zaten ook een heleboel sleutels in.

Op de avond van St. Catherijne heb ik mijn waard Joost Blanckfelt tien kronen betaald, voor de rekening. Ik heb zoveel keer met de Portugees gegeten: ||. Rodrigo heeft me 6 Indiase noten geschonken, daarvoor heb ik zijn jongen 2 stuivers fooi gegeven. Ik heb voorts 19 stuivers aan perkament uitgegeven. En ik heb 2 kronen gewisseld voor onkosten. Ik heb door de verkoop van twee stuks *Adam en Eva*, 1 *Zeemonster*, 1 *Hieronymus*, 1 *Ridder*, 1 *Nemesis*, 1 *Eustachius*, 1 heel vel, plus 17 etsen, 8 kwarto's, 19 houtsneden, 7 stuks slechte houtsneden, 2 boeken en

10 *Kleine Passies* in houtsnede totaal ongeveer 8 gulden ontvangen. Ik heb verder 3 grote boeken voor 1 ons loodwit gegeven. Ik heb voor eten en drinken een Philipsgulden gewisseld. En mijn vrouw heeft voor eten en drinken 1 gulden gewisseld. Er is in Zierikzee in Zeeland door een grote vloedgolf en hevige storm een walvis aangespoeld, die veel meer dan honderd vadem lang is. En er is in Zeeland geen mens die er zelfs maar een gezien heeft, die maar een derde zo lang was en die walvis kan niet terug in zee. De mensen zouden graag zien dat hij weg was, want ze zijn bang voor enorme stank. Hij is bovendien zo groot dat ze denken dat ze hem nog in geen half jaar kunnen openhakken en de traan eruit kunnen koken. Stefano Capello heeft mij een rozenkrans van cederhout gegeven, daarvoor moest ik hem tekenen en dat heb ik gedaan. Ik heb 3 stuivers betaald voor kastanjebruine verfstof en een kaarsensnuiter. Ik heb 3 stuivers aan papier uitgegeven. Ik heb in zijn boek een pentekening gemaakt van Felix, geknield. Felix heeft me 100 oesters gegeven. Ik heb de heer Lazarus,[120] de grote man, een gegraveerde *Hieronymus* en drie grote boeken gegeven. Rodrigo heeft mij krachtige wijn en oesters geschonken. Ik heb 7 weisspfennig betaald voor zwart krijt. Ik heb Tommaso, Gerardo, Tommaso's dochter, haar man, de glazenier Honing, Joost en zijn vrouw en Felix te eten gehad, dat kostte 2 gulden. Tommaso heeft me 4 el grijs damast geschonken, voor een wambuis. Verder heb ik een Philipsgulden gewisseld voor eten en drinken.

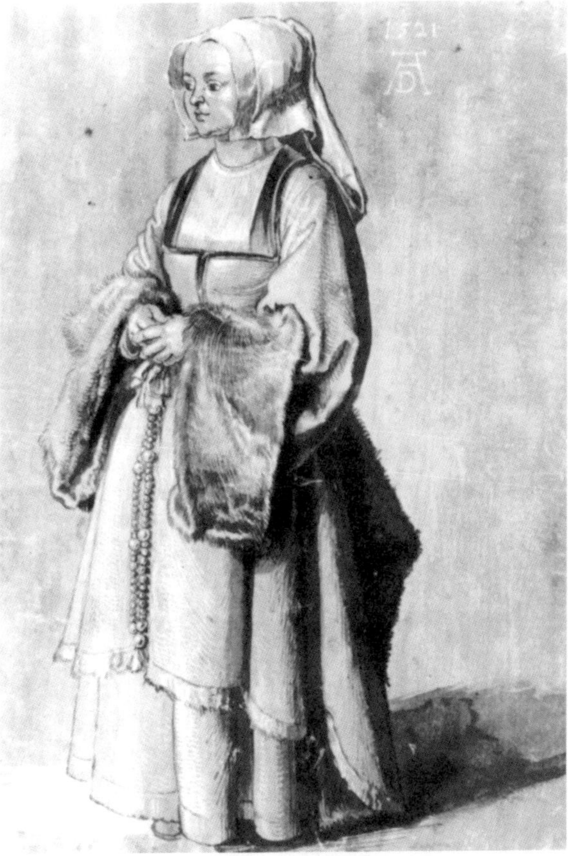

Vrouw in Nederlandse klederdracht

Ik ben op de avond van St. Barbara[121] van Antwerpen naar Bergen op Zoom vertrokken; ik heb 12 stuivers voor het paard betaald en heb daar 1 gulden en 6 stuivers uitgegeven aan eten en drinken. Voorts heb ik in Bergen op Zoom voor mijn vrouw een Nederlandse dunne hoofddoek gekocht, die 1 gulden en 7 stuivers kostte. Dan nog 6 stuivers voor 3 paar schoenen. Een stuiver voor brillenglazen, plus 6 stuivers voor een ivoren knoop. Ik heb 2 stuivers fooi gegeven. Ik heb een portret van Jan de Haas, zijn vrouw en zijn twee dochters met houtskool getekend en de meid en de oude vrouw met de stift in mijn schetsboekje geportretteerd. Ik heb het Huis van Bergen gezien, het is erg groot en mooi gebouwd. Bergen is 's zomers een vrolijke plaats en er zijn per jaar twee grote markten.

Op de vooravond van Onze Lieve Vrouw ben ik met mijn metgezellen in Zeeland aangekomen en Bastiaan Imhoff heeft me 5 gulden geleend. We lagen de eerste nacht in zee voor anker, het was erg koud en we hadden niets te eten en te drinken. 's Zaterdags kwamen we in Goes en daar heb ik een meisje in klederdracht getekend. Vandaar voeren we naar Arnemuiden en ik betaalde voor eten en drinken 15 stuivers. Wij voeren langs ondergelopen plaatsen, waar we de nokken van de daken boven het water zagen uitsteken. En we voeren langs het eilandje Wolfersdijk en langs het stadje Kortgene naar een ander dichtbij gelegen eiland. Zeeland heeft 7 eilanden en dat van Arnemuiden[122] waar ik bleef overnachten is het grootste. Vandaar voeren we naar Middelburg; daar heeft Johan de Mabuse een groot paneel gemaakt, niet zo goed getekend, maar wel mooi van kleur. Daarna voer ik naar Veere, waar schepen uit alle landen aanleggen; het is een erg aardig stadje.

Maar toen ik in Arnemuiden aankwam trof me een groot ongeluk. Toen we aan land kwamen en onze lijn uitwierpen, ramde een groot schip ons zo hard – we waren bezig van boord te gaan – dat ik in het gedrang iedereen liet voorgaan, totdat niemand meer behalve ik, Georg Kötzler, twee oude vrouwen en de schipper met een kleine jongen op het schip waren achtergebleven. Toen dat andere schip op ons invoer en ik nog met de genoemde personen aan boord was en we niet weg konden, toen ging dat sterke touw aan flarden en bovendien stak er op hetzelfde ogenblik een hevige storm op, die ons schip met kracht terugdreef. We riepen allemaal om hulp, maar niemand wilde zich eraan wagen. De wind dreef ons terug in zee. De schipper wist zich geen raad en schreeuwde, want zijn knechten waren allemaal van boord en het schip was onbemand. Er was angst en nood, want er stond een sterke wind en er waren maar zes personen op het schip. Toen zei ik tegen de schipper dat hij moed moest vatten en op God moest vertrouwen en moest nadenken wat we zouden kunnen doen. Toen zei hij dat indien hij het kleine zeil zou kunnen hijsen, hij kon proberen of hij weer aan land kon komen. Dus hielpen wij allemaal samen moeizaam mee en kregen het ongeveer half omhoog en voeren weer landwaarts. En toen degenen die aan land waren en ons al hadden opgegeven zagen hoe we onszelf hielpen, schoten ze ons te hulp en we kwamen aan land.

Maar Middelburg is een mooie stad, heeft een bijzonder fraai raadhuis met een prachtige toren, en overal is veel kunst. Er is een buitengewoon kostbaar gestoelte in de abdij en een schitterende stenen kloostergang en een mooie parochiekerk. En verder was de stad ook prachtig om te tekenen. Zeeland is bekoorlijk en het is wonderlijk om te zien, vanwege het water. Dat staat hoger dan het land. Ik heb een portret van onze waard in Arnemuiden gemaakt; meester Hugo en Alexander Imhoff en Frederik, de bediende van de Hirschvogels hebben me ieder een Indiase noot geschonken, die ze bij het spelen hadden gewonnen. De waard heeft mij een uitlopende bloembol gegeven.

En op maandag[123] voeren we weer vroeg uit met het schip en kwamen langs Veere en Zierikzee. We wilden de grote vis zien, maar de vloed had hem weer teruggedreven. Ik heb 2 gulden aan varen uitgegeven en aan eten en drinken, en 2 gulden voor een grote wollen deken betaald. Ik heb 4 stuivers voor vijgenmoes uitgegeven en 3 stuivers voor het dragen en ik heb 6 stuivers verspeeld. En we zijn weer in Bergen aangekomen. Ik heb 10 stuivers betaald voor een ivoren kam. Ik heb een landloper getekend. Ik heb ook een portret van Claus gemaakt, de schoonzoon van de waard. Ik heb op 5 stuivers na 2 gulden uitgegeven aan een tinnen stuk. Plus 2 gulden voor een slecht tinnen stuk. Ik heb de kleine Bernard van Breslau, Georg Közler en de Fransman uit Cambrai getekend en ze hebben mij in Bergen ieder 1 gulden gegeven. De schoonzoon van Jan de Haas heeft me 1 Hoornse gulden gegeven voor zijn portret en evenzo heeft Kerpen uit Keulen mij ook een gulden gegeven.

Voorts heb ik voor twee bedovertrekken op 10 stuivers na 4 gulden betaald. Ik heb een portret getekend van de juwelier Nicolaas. Dit is het aantal keren dat ik in Bergen gegeten heb, sinds ik uit Zeeland teruggekomen ben: |||||||||. En een keer voor 4 stuivers.

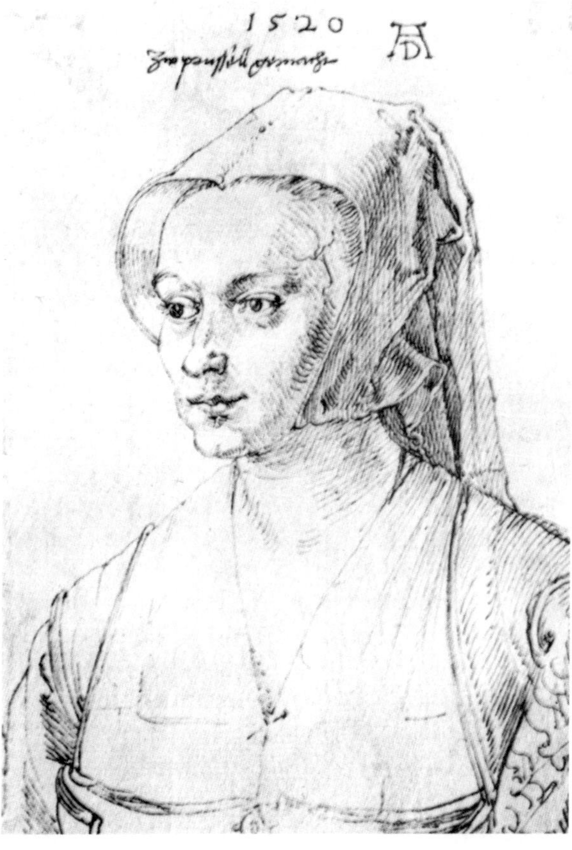

Vrouw uit Brussel

Ik heb de voerman 3 stuivers gegeven en ik heb 8 stuivers uitgegeven aan eten en drinken en ben op vrijdag na St. Lucia[124] 1520 weer bij Joost Blanckfelt in Antwerpen aangekomen. En ik heb zoveel keer met hem gegeten: -; dat is betaald en mijn vrouw: +; is betaald. Voorts heeft de heer Lazarus von Ravensburger mij voor de 3 boeken die ik hem geschonken heb een grote visschotel, 5 slakkenhuizen, 4 zilveren medailles en 5 koperen, 2 gedroogde vissen, een witte koraal, 4 pijlen en nog een witte koraal gegeven. Ik heb 1 gulden gewisseld voor eten en drinken. Plus nog een kroon. Ik heb zoveel keer thuis gegeten: ||||||||. De factor van Portugal heeft mij een bruine fluwelen tas geschonken en een pot met goede vruchtenmoes. Ik heb zijn knechtje 3 stuivers loon betaald. Ik heb een Hoornse gulden betaald voor 2 paneeltjes, maar ze hebben me 6 stuivers teruggegeven. Ik heb 4 goudgulden uitgegeven voor een meerkatje, plus 14 stuivers voor vijf vissen. Ik heb Joost 10 stuivers betaald voor 3 maaltijden. Ik heb 2 stuivers betaald voor 2 traktaatjes. Ik heb de bode 2 stuivers gegeven. Ik heb Lazarus von Ravensburger een op een paneeltje geschilderd portret gegeven, dat kost 6 stuivers. En bovendien heb ik hem 8 grote vellen met kopergravures, 8 halve vellen, een *Gegraveerde Passie* en andere gravures en houtsneden geschonken, samen meer dan 4 gulden waard. Verder heb ik een Philipsgulden voor eten en drinken gewisseld. Plus nog een goudgulden voor eten en drinken. Ik heb 6 stuivers gegeven voor een paneeltje en daarop heb ik het portret van de bediende van de Portugees geschilderd.

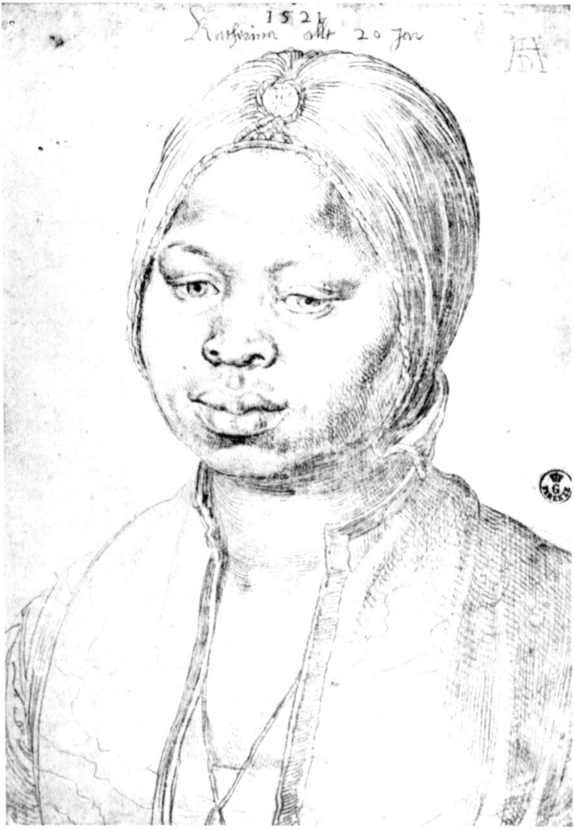

De Morin Katherina

Dat alles heb ik als nieuwjaarsgeschenk gegeven en nog 2 stuivers fooi. Ik heb 1 gulden gewisseld voor eten en drinken. En ik heb Bernard Stecher een hele serie prenten gegeven. Voorts heb ik voor 31 stuivers hout gekocht. Ik heb portretten gemaakt van Gerardo Bombelli en van de dochter van Sebastiaan de procurator.[125] Ik heb een gulden gewisseld voor eten en drinken. Ik heb 3 stuivers aan eten en drinken uitgegeven. Voorts 3 stuivers voor een maaltijd. Ik heb de heer Wolff von Rogendorff een *Gegraveerde Passie* en een *Passie* in houtsnede geschonken. Gerardo Bombelli heeft mij een bedrukte Turkse doek gegeven en de heer Wolff von Rogendorff heeft mij 7 el Brabants fluweel geschonken. Daarom heb ik zijn knecht een Philipsgulden fooi gegeven. En ik heb 3 stuivers uitgegeven voor een maaltijd. Ik heb 4 stuivers fooi gegeven. Ik heb in houtskool een portret getekend van de nieuwe factor.[126] Ik heb 6 stuivers voor een paneeltje uitgegeven. Ik heb met de Portugees gegeten: ||||||||; met de rentmeester: |; met Tommaso: ||||||||||. Aan fooien 4 stuivers uitgegeven. Met Lazarus von Ravensburg: |; Wolff von Rogendorff: |; Bernard Stecher: |; Utz Hanolt Meyting: |; Caspar Lewenter: |. Ik heb de man wiens portret ik heb getekend[127] 3 stuivers gegeven. Voorts heb ik de knecht 2 stuivers gegeven. Ik heb 4 gulden voor vlas betaald. Ik heb 4 gulden ontvangen uit de verkoop van kunst. Ik heb een kroon gewisseld voor eten en drinken. Ik heb de bontwerker 4 stuivers gegeven, plus nog 2 stuivers. Ik heb 4 stuivers verspeeld en 6 stuivers uitgegeven aan eten en drinken. Ik heb 1 nobel voor onkosten gewisseld. Ik heb 18 stuivers uitgegeven voor rozijnen en 3 paar messen. Ik heb 2 gulden betaald voor enkele maaltijden bij Joost. Ik heb 4 stuivers verspeeld en 6 stuivers aan de bontwerker betaald. Ik heb meester Jacob twee kopergravures van Hieronymus geschonken. Ik heb weer 2 stuivers verspeeld. Ik heb een kroon gewisseld voor eten en drinken. Ik heb 1 stuiver verspeeld. Ik heb de drie dienstmeiden van Tommaso 3 paar messen gegeven, die kostten 5 stuivers. Ik heb 29 stuivers ontvangen uit de verkoop van kunst.

Rodrigo heeft me een muskusbal geschonken, die zo van een muskusrat gesneden was en ook een kwart pond perziken, een doos vol kweeperencompote en een grote doos met suikerwerk. Daarom heb ik zijn knechtje 5 stuivers fooi gegeven. Ook nog 2 stuivers verspeeld. Ik heb de vrouw van Joost met houtskool geportretteerd. Ik heb 4 gulden en 5 stuivers ontvangen voor drie kleine doekjes. Ik heb nog eens 2 gulden gewisseld voor eten en drinken. Ik heb 2 stuivers verspeeld. Mijn vrouw heeft een gulden gegeven bij het inbakeren van een kind plus 4 stuivers in het kinderbed.[128] Ik heb een kroon gewisseld voor eten en drinken en 4 stuivers daaraan uitgegeven. Ik heb aan meester Dietrich een *Apocalyps* en de 6 *Knopen*[129] geschonken. Ik heb 40 stuivers voor vlas uitgegeven. Ik heb 8 stuivers verspeeld. Ik heb de kleine Portugese factor, signor Francisco, mijn doekje met het kindje geschonken, dat is 10 gulden waard. Ik heb dokter Loffen[130] van Antwerpen de 4 boeken gegeven en een kopergravure van *Hieronymus*. Hetzelfde aan Joost Blanckfelt. Ik heb voor Staiber nog een ander wapen gemaakt. Ik heb de zoon van Tommaso en zijn dochter met de stift geportretteerd. Voorts heb ik het portret van een hertog op een paneeltje geschilderd. Ik heb voor 5 gulden aan kunst verkocht.

Rodrigo, de Portugese secretaris, heeft me twee doeken uit Calcutta geschonken, waarvan één van zijde en hij heeft me een geborduurde baret gegeven en een groene kruik met myrobalanen[131] en een tak van een ceder; dat is bij elkaar 10 gulden waard. En ik heb de jongen 2 stuivers fooi gegeven en 2 stuivers voor penselen. Ik heb voor de Fuggers een ontwerp voor een maskeradepak getekend en zij hebben mij een angloot[132] gegeven. Ik heb een gulden gewisseld voor eten en drinken. Ik heb 8 stuivers uitgegeven aan 2 kleine kruithoorntjes. Ik heb 3 stuivers verspeeld. Ik heb een angloot gewisseld voor eten en drinken. Ik heb voor Tommaso twee vellen vol mooie maskertjes gemaakt. Ik heb een goed *Veronicagelaat* in olieverf gemaakt, dat is 12 gulden waard; dat heb ik Francisco, de factor van Portugal, geschonken. Daarna heb ik de heilige Veronica in olieverf geschilderd, dat beter is dan het vorige en ik heb het aan de factor Brandão van Portugal geschonken. Franciscus had de meid eerst 1 Philipsgulden gegeven en daarna, vanwege de *Veronica*, nog 1 gulden. Maar de factor Brandão heeft haar 1 gulden gegeven. Ik heb Peter voor twee foedralen 8 stuivers gegeven. Ik heb een angloot gewisseld voor eten en drinken.

Op zondag vóór Carnaval[133] hebben de goudsmeden mij en mijn vrouw vroeg aan tafel genodigd. In hun gezelschap zaten veel aanzienlijke lieden, ze hadden een bijzonder kostelijke maaltijd aangericht en ze verleenden me buitengewoon veel eer. En later die avond nodigde de oud-ambtenaar van de stad[134] me uit en hij gaf me een kostelijke maaltijd en verleende me veel eer. Daar kwamen veel mensen met wonderlijke maskers naartoe. Ik heb met

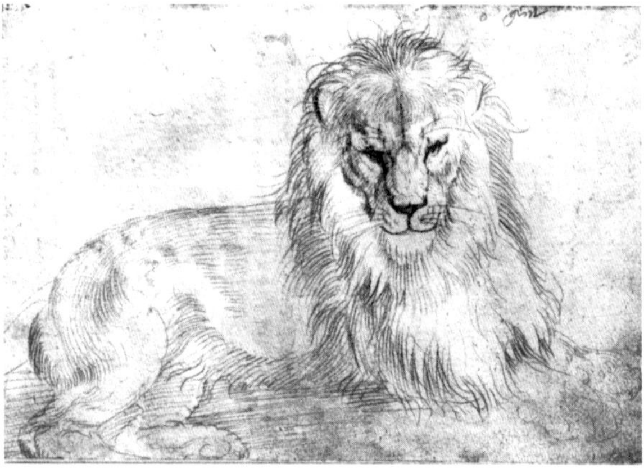

Liggende leeuw

houtskool een portret getekend van Floris,[135] de organist van vrouwe Margaretha. Op maandagnacht heeft de heer Lupes mij uitgenodigd voor het grote banket, dat tot 2 uur duurde en erg lekker was. Herr Lorenz Sterck heeft mij een Spaanse pels gegeven. En op bovengenoemd feest waren er veel mensen met kostbare maskers en in het bijzonder Tommaso Bombelli. Ik heb 2 gulden met spelen gewonnen. Ik heb een angloot gewisseld voor eten en drinken. Ik heb 14 stuivers voor een mand rozijnen betaald. Ik heb Bernard von Castell, van wie ik dat geld gewonnen had, met houtskool geportretteerd. De broer van Tommaso, Gerardo, heeft mij 4 Brabantse el van de beste zwarte atlas geschonken en 3 grote potten met ingemaakt sukade. En ik heb de meid 3 stuivers fooi gegeven. Ik heb 13 stuivers voor hout uitgegeven, 2 stuivers voor pijnappels. Ik heb de dochter van de procureur heel fijntjes met de stift geportretteerd. Ik heb 1 angloot gewisseld voor eten en drinken. Ik heb van meester Jan,[136] een goede marmerhakker die op Christoph Kohler[137] lijkt, in Italië heeft geleerd en uit Metz komt, met zwart krijt een portret getekend. Ik heb een Hoornse gulden gewisseld voor eten en drinken. Ik heb Jan Türcken[138] 3 gulden gegeven voor Italiaanse kunst. Ik heb hem voor 12 dukaten aan kunst voor een ons goede ultramarijn gegeven. Ik heb 3 gulden ontvangen voor een *Kleine Passie* in houtsnede. Ik heb 2 riemen en 4 kunstboeken van Schaufelein[139] voor 3 gulden verkocht. Ik heb 3 gulden gegeven voor 2 ivoren zoutvaten uit Calcutta. Ik heb voor 2 gulden aan kunst verkocht. Ik heb 1 gulden gewisseld voor eten en drinken. Rudiger von Gelern heeft mij een slakkenhuis gegeven en zilveren en gouden munten, die een ort waard zijn. Ik heb hem daarvoor de drie grote boeken en een Riddergravure[140] geschonken. Ik heb voor 11 stuivers aan kunst verkocht. Ik heb 2 Philipsgulden gegeven voor een St. Petrus en St. Paulus, die ik aan de vrouw van Kohler wil schenken.

Rodrigo heeft me 2 dozen met kweeperencompote geschonken en allerlei suikerwerk. En ik heb 5 stuivers fooi gegeven. Ik heb 16 stuivers voor dozen uitgegeven. Lazarus von Ravensburger heeft mij een suikerbrood geschonken, dus ik heb zijn knechtje 1 stuiver gegeven. Ik heb 6 stuivers voor hout betaald. Ik heb een keer met de Fransman gegeten, twee keer met Fritz Hirschvogel en een keer met meester Peter, de secretaris,[141] toen Erasmus van Rotterdam ook met ons mee at.

Ik heb een stuiver betaald om op de toren van Antwerpen te mogen gaan, die hoger schijnt te zijn dan die van Straatsburg.[142] Vanaf de toren heb ik de hele stad aan alle kanten kunnen overzien, wat erg leuk was. Ik heb 1 stuiver gegeven voor het baden. Ik heb een angloot gewisseld voor eten en drinken. De factor van Portugal heeft me twee grote mooie witte suikerbroden gegeven en een schotel vol zoetigheid en twee groene potten met confitures en 4 el zwarte atlas. Daarom heb ik zijn knecht 10 stuivers fooi gegeven. Ik heb de bode 3 stuivers gegeven. Ik heb voor Gerardo nog twee keer de schone jonkvrouw[143] met de stift geportretteerd. Ik heb weer een angloot gewisseld voor eten en drinken. Ik heb voor 4 gulden aan kunst verkocht. Ik heb 10 stuivers betaald voor het foedraal voor de Rodrigo.[144] Ik heb gegeten met de thesaurier, de heer Lorenz Sterck, die mij een ivoren pijp heeft geschonken en een mooie Chinese vaas en ik heb hem een hele serie van mijn prenten gegeven. Voorts heb ik een hele serie van mijn prenten gegeven aan de heer Adriaan, de orator van de stad Antwerpen. Verder heb ik een Philipsgulden gewisseld voor eten en drinken. Ik heb aan het gilde van de grootste en rijkste kooplieden van Antwerpen een *Zittende Nicolaas*[145] aangeboden, waarvoor zij mij 3 Philipsgulden hebben geschonken. Ik heb de oude lijst van *Hieronymus* plus nog 4 stuivers aan Peter gegeven voor een lijst voor het portret van de thesaurier. Ik heb ook 11 stuivers betaald voor hout. Bovendien heb ik een Philipsgulden gewisseld voor eten en drinken. Ik heb 4 stuivers betaald voor een boor. Ik heb 3 stuivers betaald voor 3 kokers.

Ik heb mijn balen aan Jacob en Andreas Hessler afgegeven om ze naar Neurenberg te vervoeren en ik moet hem 2 gulden per Neurenberger centenaar gewicht betalen en hij zal alles naar Hans Imhoff de oude[146] brengen en ik heb hem daarvoor 2 gulden gegeven en ik heb het bovendien in een krat gepakt. Dit was in het jaar 1521, op zaterdag vóór Judicae.[147]

Eveneens op zaterdag vóór Judicae heeft Rodrigo mij 6 grote Indische noten geschonken, een heel bijzonder fraai koraal en twee grote Portugese guldens, die 10 dukaten per stuk wegen. En ik heb zijn knechtje 15 stuivers fooi gegeven. Ik heb een magneetsteen gekocht voor 16 stuivers. Ik heb weer een angloot gewisseld voor eten en drinken. Ik heb 6 stuivers betaald voor het pakken.

Ik heb meester Hugo in Brussel voor zijn kleine prophiersteentje een *Gegraveerde Passie* gestuurd en een paar andere prenten. Ik heb voor Tommaso een ontwerpschets[148] gemaakt waarnaar hij zijn huis kan laten beschilderen en deze in halftinten ingekleurd. Ik heb zorgvuldig een Hieronymus in olieverf geschilderd en hem aan Rodrigo van Portugal geschonken; hij heeft Susanne een dukaat fooi gegeven. Ik heb een Philipsgulden gewisseld voor eten en drinken en ik heb mijn biechtvader 10 stuivers gegeven. Ik heb 4 stuivers betaald voor het kleine schildpadje. Ik heb met de heer Gilbert gegeten; hij heeft mij een klein schildje uit Calcutta gegeven, dat van vissenhuid is gemaakt en twee handschoenen, zoals ze die dragen bij het vechten. Ik heb Peter 2 stuivers gegeven. Ik heb 10 stuivers betaald voor de vissenvinnen en 3 stuivers fooi gegeven. Ik heb Cornelius,[149] de secretaris van Antwerpen, erg goed met steenkrijt geportretteerd.

Ik heb 3 gulden en 16 stuivers betaald voor de 5 zijden gordeltjes die ik cadeau wil geven. Plus 20 stuivers voor passementen. Die 6 passementen heb ik geschonken aan de vrouwen van Caspar Nützel,[150] Hans Imhoff,[151] Straub,[152] de twee Spenglers[153] en Löffelhölz[154] en ik heb ze ieder een paar goede handschoenen gegeven. Aan Pirckhammer heb ik een grote baret geschonken, een kostbare schrijfset van buffelhoorn, een zilveren keizer,[155] 1 pond pistachenoten en 3 stuks suikerriet. Aan Caspar Nützel heb ik een grote elandsvoet geschonken en 10 grote dennenappels en pijnappels. Jacob Muffel heb ik een scharlakenrode borstdoek gegeven van een el. Het kind van Hans Imhoff heb ik een geborduurde scharlaken baret gegeven en een pijnappel, aan de vrouw van Kramer 4 el tafzijde van 4 gulden, de vrouw van Lochinger 1 el tafzijde van 1 gulden, de beide Spenglers ieder een tas, 3 mooie hoorns en aan de heer Hieronymus

Holzschuler[156] een hele grote hoorn. Ik heb tweemaal met de factor gegeten.

Ik heb met meester Arion gegeten, de secretaris van Antwerpen; hij heeft mij het kleine paneeltje geschonken dat meester Joachim gemaakt heeft, voorstellend *Lot met zijn dochters*. Verder heb ik 12 gulden ontvangen voor mijn prenten. En ik heb voor 1 gulden werk van Hans Grun [Baldung] verkocht. Rudiger von Gelern heeft me een stuk sandelhout geschonken. Ik heb zijn bediende een stuiver gegeven. Ik heb Bernard von Resten in olieverf geschilderd. Hij heeft me daarvoor 8 gulden gegeven en mijn vrouw een kroon en aan Susanne een gulden, dat zijn 24 stuivers. Ik heb 3 stuivers gegeven voor de *Zwitserse oorlog*[157] en 2 stuivers voor het schip.[158] Plus 3 stuivers voor het foedraal. Voorts 4 stuivers aan mijn biechtvader. Ik heb een angloot gewisseld voor eten en drinken. Ik heb voor 4 gulden en 10 stuivers aan kunst verkocht. Ik heb 3 stuivers aan zalf uitgegeven. Ik heb 12 halve stuivers voor hout betaald. Ik heb een gulden gewisseld voor eten en drinken. Ik heb 1 gulden gegeven voor 14 stukken Frans hout.[159] Ik heb Ambrosius Höchstätter een *Leven van Onze Lieve Vrouw* geschonken; hij heeft mij een model van zijn schip gegeven. Rodrigo heeft mijn vrouw een ringetje cadeau gegeven, dat meer dan 5 gulden kost. Ik heb 1 gulden gewisseld voor eten en drinken. Ik heb de schrijver van de factor Brandão met houtskool getekend. Ik heb zijn negerin met de stift getekend. En ik heb Rodrigo met het penseel in zwart en wit getekend op een groot vel papier. Ik heb 16 gulden betaald voor een stuk kameelharen stof van 24 el en het kostte 1 stuiver om het thuis te laten bezorgen. Verder heb ik 2 stuivers aan handschoenen uitgegeven. Ik heb Lucas von Danzig met houtskool getekend en hij heeft me 1 gulden en een stuk sandelhout gegeven.

Bezoek aan Brugge en Gent

Aldus ben ik op zaterdag na Pasen[160] met Hans Lüber en meester Jan Provoost, een goede schilder die in Brugge is geboren, over de Schelde van Antwerpen naar Brugge gevaren en we kwamen in Beveren, een groot dorp. Vandaar naar Vracene, ook een groot dorp. Daarna voeren we door ettelijke dorpen en we kwamen bij een mooi groot dorp, waar de rijke boeren zitten en daar aten we 's morgens. Vandaar voeren we langs de rijke abdij van St. Paul. Vandaar voeren we door Caudenborn, een mooi dorp. Vandaar door het grote, uitgestrekte dorp Kalve, vandaar naar Ertvelde, waar we bleven overnachten en we waren op zondag vroeg op en voeren naar Ertvelde, een klein stadje.[161] Vandaar voeren we naar Ecloo, dat is een allemachtig groot dorp, helemaal bestraat en met een plein en daar aten we 's morgens. Vandaar voeren we naar Maldegem, daarna volgden nog andere dorpen en we bereikten Brugge, dat is een prachtig mooie stad. Ik heb 21 stuivers uitgegeven aan verteringen en de reis.

En toen ik in Brugge aankwam, ontving Jan Provoost mij in zijn huis als gast en hij bood mij nog dezelfde avond een heerlijke maaltijd aan en nodigde ter ere van mij veel mensen uit. De volgende dag nodigde Marx, de goudsmid, me uit en hij bood mij een heerlijke maaltijd aan en nodigde ter ere van mij veel mensen uit. Daarna brachten ze me naar het paleis van de keizer,[162] dat groot en prachtig is. Daar zag ik de door Rogier beschilderde kapel en schilderingen van een grote oude meester en ik gaf de knecht die ze ons liet zien een stuiver. Daarna kocht ik 3 ivoren kammen voor 30 stuivers. Daarna brachten ze me naar St. Jacob en lieten me de prachtige schilderijen zien van Rogier en Hugo die allebei grote meesters zijn geweest. Daarna zag ik het albasten Mariabeeld in de Onze Lieve Vrouwekerk,[163] dat Michelangelo uit Rome gemaakt heeft. Daarna gingen ze met mij naar heel veel kerken en ze lieten me alle mooie schilderijen zien, die hier in overvloed zijn. En toen ik Johannes[164] had gezien en de andere werken kwamen we ten slotte in de kapel van de schilders, waarin goede dingen te vinden zijn. Daarna boden ze mij een banket aan. En vandaar ging ik met hen naar de gildezaal. Daar waren veel eerbiedwaardige mannen bijeen, goudsmeden, schilders en kooplui; ik moest met hen het avondmaal gebruiken, ze gaven me cadeaus, ze wilden met me kennismaken en bewezen me veel eer. En de twee gebroeders Jacob en Peter Mostaert, de raadsheren, schonken me 12 kannen wijn en ze begeleidden mij met het hele gezelschap van meer dan 60 personen met veel lantaarns naar huis. Ik heb ook in hun schuttershof het grote visbekken gezien, waarvan ze eten; het is 19 voet lang, 7 voet hoog en 7 voet breed.

We vertrokken dus op dinsdag,[165] heel vroeg. Maar voordien had ik Jan Provoost met de stift getekend en bij het afscheid heb ik zijn vrouw 10 stuivers gegeven. We gingen naar Ursel, waar we 's morgens aten en onderweg passeerden we drie dorpen. Toen reden we naar Gent door nog eens drie dorpen en ik heb 4 stuivers voor het vervoer betaald en 4 stuivers voor het eten.

Toen ik in Gent aankwam, kwam de decaan van de schilders naar me toe en hij bracht het gildebestuur mee, zij bewezen mij veel eer, ontvingen me erg hoffelijk, betoonden hun goede wil en boden me hun diensten aan en aten 's avonds met me. Op woensdag brachten ze me al vroeg naar de St. Johannestoren,[166] van daaraf overzag ik de grote, wonderbaarlijke stad, waarin ik zojuist als een groot man was beschouwd. Daarna zag ik het Johannesaltaar,[167] een buitengewoon mooi en goed doordacht schilderstuk, en in het bijzonder Eva, Maria en God de Vader zijn erg goed. Daarna zag ik de leeuwen en ik heb een ervan met de stift getekend. Ook zag ik op de brug waar onthoofdingen plaatsvinden de twee standbeelden die waren opgericht ter nagedachtenis aan het feit dat een zoon zijn vader had onthoofd. Gent is mooi en het is een wonderbaarlijke stad; er stromen 4 grote rivieren door.[168] Ik heb 3 stuivers fooi gegeven aan de koster en de knechten bij de leeuwen. En ik heb nog veel andere merkwaardige dingen gezien in Gent en de schilders en de decaan hebben me niet verlaten, ze hebben 's morgens en 's avonds met me gegeten en ze hebben alles voor me betaald en ze zijn heel vriendelijk voor me geweest. Maar ik heb in de herberg 5 stuivers fooi gegeven.

En zo vertrok ik op donderdag[169] vroeg uit Gent en ik kwam door ettelijke dorpen tot we bij een herberg kwamen die De Zwaan heette en daar aten we 's morgens. Daarna gingen we weer door een mooi dorp en toen kwamen we in Antwerpen aan en ik heb voor de reis 8 stuivers uitgegeven.

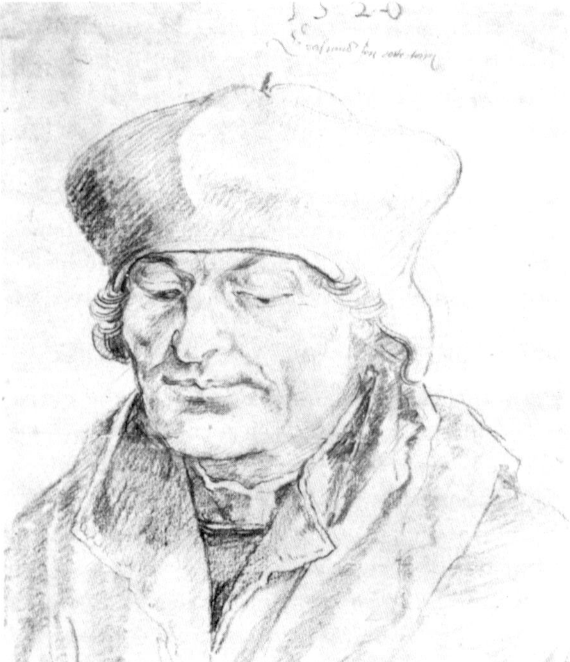

Erasmus van Rotterdam

Ik heb voor 4 gulden aan kunst verkocht. Ik heb 1 gulden gewisseld voor eten en drinken. Ik heb Hans Lieber uit Ulm met houtskool getekend, hij wilde mij een gulden geven, maar ik wilde hem niet aannemen. Ik heb 7 stuivers betaald voor hout en 1 stuiver voor het bezorgen. Ik heb 1 gulden gewisseld voor eten en drinken. In de derde week na Pasen kreeg ik hoge koorts, gepaard met grote zwakheid, lusteloosheid en hoofdpijn. En toen ik destijds in Zeeland was, kreeg ik een wonderlijke ziekte, waarvan ik nog nooit gehoord had en deze ziekte heb ik nog. Ik heb 6 stuivers betaald voor een foedraal. De monnik heeft voor mij 2 boeken ingebonden in ruil voor de prenten die ik hem gegeven heb. Ik heb 10 gulden en 8 stuivers betaald voor een lap Arrasstof voor een mantel voor mijn schoonmoeder en mijn vrouw. Ik heb de dokter 8 stuivers gegeven en de apotheker 3 stuivers. Ik heb weer 1 gulden gewisseld voor eten en drinken. Ook heb ik 3 stuivers met mijn gezellen verteerd. Ik heb de dokter 10 stuivers gegeven. Ik heb de dokter nog eens 6 stuivers gegeven. Verder heeft Rodrigo mij tijdens mijn ziekte veel gekonfijte vruchten gestuurd. Ik heb de jongens 4 stuivers fooi gegeven. Ik heb meester Joachim met de stift getekend en ik heb bovendien zijn portret met de stift gemaakt. Ik heb weer 1 kroon gewisseld voor eten en drinken. Ik heb ook nog 1 gulden gewisseld voor eten en drinken. Ik heb voorts de dokter 6 stuivers gegeven en de apotheker 7 stuivers. Ik heb 1 gulden gewisseld voor eten en drinken.

Voor het inpakken van de derde baal die ik door een voerman, Hans Staber genaamd, van Antwerpen naar Neurenberg heb gestuurd, heb ik 13 stuivers betaald. En de voerman heb ik 1 gulden extra gegeven. En ik ben met hem 1 gulden plus 1 ort per centenaar overeengekomen voor het vervoer van Antwerpen naar Neurenberg. Deze baal moet gebracht worden naar de heer Hans Imhoff de oude. Ik heb de dokter, de apotheker en de barbier 14 stuivers gegeven. Ik heb meester Jacob, de arts, voor 4 gulden aan prenten gegeven. Ik heb Thomas Bologna uit Rome met houtskool getekend. Voor mijn mantel van kameelhaar is 21 Brabantse el nodig geweest die 3 vingerbreedten langer is dan de Neurenberger el. Daarbij heb ik zwart Spaans bont gekocht, dat 3 stuivers per vel kost en er waren er 34 nodig, dat is dan totaal 10 gulden en 2 stuivers. Ik heb de bontwerker 1 gulden voor het maken betaald en voor het omboorden was 2 el fluweel nodig, kost 5 gulden; 34 stuivers voor zijden koord en garen; de kleermaker 30 stuivers maakloon gegeven. De kameelharen stof voor de mantel kost $14 \frac{1}{2}$ gulden. En voor de knecht 5 stuivers fooi.

Eerste zondag na Pasen.[170] Hier begin ik opnieuw te tellen. Weer heb ik de dokter 6 stuivers gegeven. Ik heb voor 53 stuivers aan kunst verkocht en die gebruik ik voor eten en drinken.

Op zondag voor de Kruisweek heeft meester Joachim, de goede landschapsschilder, mij op zijn bruiloft uitgenodigd en mij alle eer betoond. Daar zag ik twee aardige spelen, in het bijzonder het eerste was erg devoot en stichtelijk. Weer heb ik de dokter 6 stuivers gegeven. Ik heb 1 gulden gewisseld voor eten en drinken. Op zondag

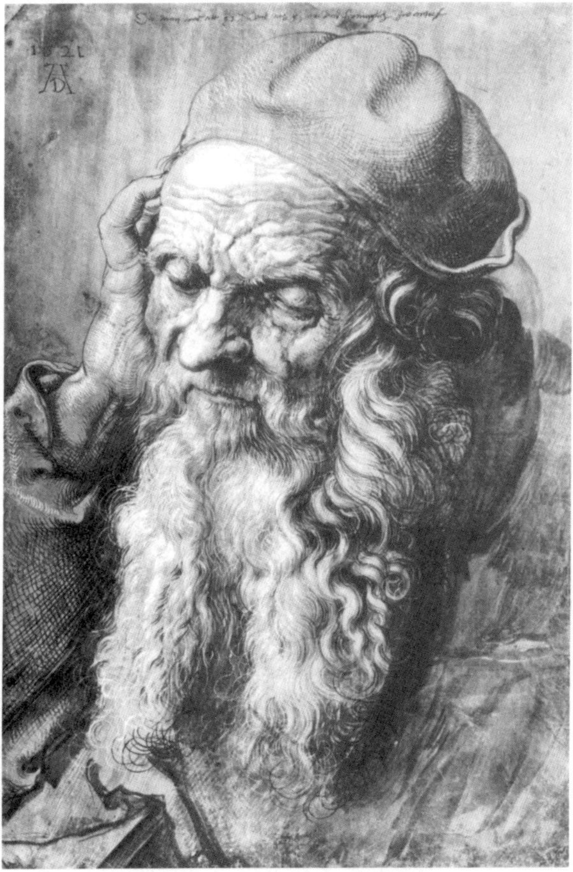

De drieënnegentigjarige oude man

na Hemelvaartsdag nodigde meester Dietrich, de glazenier uit Antwerpen, mij uit en tot mijn genoegen vele anderen, waaronder Alexander de goudsmid, een aanzienlijke, rijke man, en we genoten een voortreffelijke maaltijd en men betoonde me veel eer. Ik heb meester Marx, de goudsmid, die in Brugge woont, met houtskool getekend. Ik heb 36 stuivers betaald voor een grote baret. Ik heb Paul Geiger 1 gulden gegeven om mijn kastje naar Neurenberg te vervoeren en 4 stuivers voor een brief. Ik heb Ambrosius Höchstätter met houtskool getekend en ik heb met hem gegeten. Ik heb opnieuw wel 6 keer met Tommaso gegeten. Ik heb 3 gulden betaald voor wat houten schalen en borden. Ik heb de apotheker 12 stuivers gegeven. Ik heb 2 boeken *Het leven van Onze Lieve Vrouw* weggegeven, het ene aan de vreemde arts, het andere aan de huisknecht van Marx. Weer heb ik de dokter 8 stuivers gegeven. 4 stuivers gegeven voor het reinigen van een oude baret. 4 stuivers verspeeld. Ik heb weer 2 gulden betaald voor een nieuwe baret. Ik heb de vorige baret geruild, want hij was plomp en ik heb 6 stuivers bij moeten passen voor een andere. Ik heb een portret van de hertog in olieverf gemaakt. Ik heb de rentmeester Lorenz Sterck heel mooi en snel in olieverf geportretteerd, dat was 25 gulden waard. Dat heb ik hem geschonken, daartegenover heeft hij mij 20 gulden gegeven en Susanne 1 gulden fooi. Verder heb ik Joost, mijn waard, heel mooi en snel in olieverf geportretteerd. Hij heeft dat verrekend. En van zijn vrouw heb ik ook een nieuw portret gemaakt, ook in olieverf.

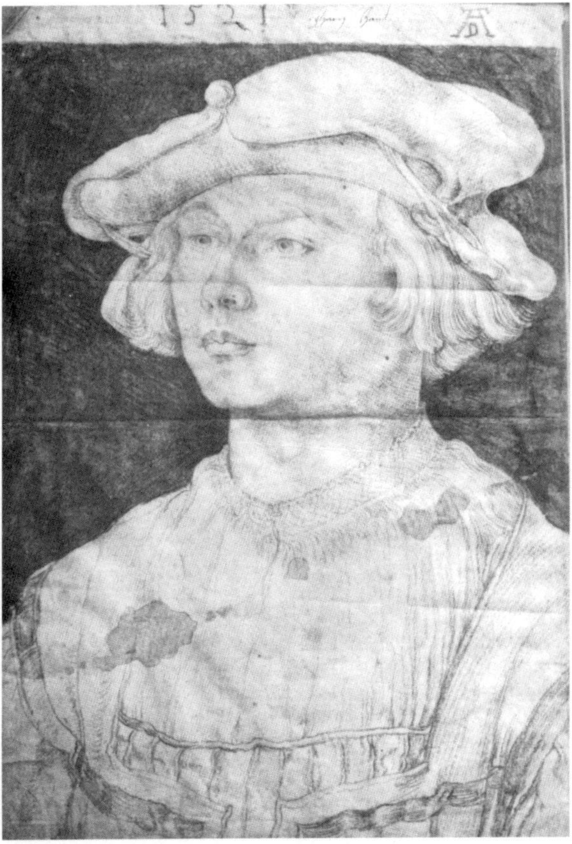

Portret van een man (vermoedelijk Bernard van Orley)

Klacht om Luther

Op vrijdag voor Pinksteren in het jaar 1521 hoorde ik in Antwerpen dat men Maarten Luther zo verraderlijk gevangengenomen had. Want hij vertrouwde op de heraut van keizer Karel die hem als keizerlijke geleide was meegegeven. Maar zodra de heraut hem bij Eisenach naar een onvriendelijke plaats gebracht had, zei hij dat hij niet meer nodig was en reed weg. Spoedig verschenen er 10 ruiters die de verkochte, vrome, door de heilige geest verlichte man verraderlijk wegvoerden omdat hij een navolger was van Christus en van het ware christelijke geloof. En of hij nog leeft of dat ze hem vermoord hebben dat weet ik niet, maar hij heeft dat alles doorstaan omwille van de christelijke waarheid en omdat hij het onchristelijke pausdom veroordeelde dat met zijn zware last van menselijke wetten strijdig is met de verlossing van Christus en ook omdat wij opnieuw worden uitgekleed en beroofd van de vruchten van ons bloed en zweet, die trouwens zo schandelijk en lasterlijk door dat nutteloze volk worden verspild terwijl behoeftige en zieke mensen daardoor van honger moeten sterven.[171] En het is voor mij nog het allerergste, dat God ons misschien onder de misleidende, blinde leer wil laten leven, die mensen die zich kerkvaders noemen verzonnen en bedacht hebben, waardoor Gods woord ons op veel plaatsen verkeerd wordt uitgelegd, of zelfs helemaal niet wordt verkondigd. Ach, God in de hemel, erbarm U over ons, o heer Jezus Christus Koning, bid voor Uw volk; verlos ons te rechter tijd, behoud in ons het juiste, ware christelijke geloof, verzamel Uw her en der verspreide schapen door Uw stem, die in de Schrift Uw goddelijk woord genoemd wordt, help ons, opdat wij deze stem herkennen en geen andere verlokkingen van de menselijke waan volgen, opdat wij, Heer Jezus Christus, niet van U wijken. Roep de schapen van Uw weide die nog voor een deel tot de kerk van Rome behoren weer bijeen en ook de Indiërs, Moskovieten, Russen, Grieken, die door de druk en de schraapzucht van de paus en door valse schijnheiligheid gescheiden zijn. Ach God, verlos Uw arme volk dat door de grote ban en geboden die het ongaarne volgt onder druk wordt gezet en dus steeds in geweten moet zondigen, wanneer het die overtreedt. O God, U hebt nog nooit een volk met menselijke wetten zo gruwelijk onderdrukt als ons arme schepsels onder de stoel van Rome, terwijl we dagelijks door Uw bloed verloste, vrije christenen willen zijn. O hoogste Vader in de hemel, laat door Uw Zoon Jezus Christus in ons hart het licht stromen, zodat we kunnen herkennen aan welke geboden we gebonden zijn opdat we de ongemakken van de andere met een goed geweten kunnen laten varen en U, eeuwige God en hemelse Vader met een blijmoedig en vrolijk hart kunnen dienen. En mochten we deze man verliezen, die helderder geschreven heeft dan geen ander in de afgelopen 140 jaar,[172] en aan wie U zo'n evangelische geest gegeven hebt, dan vragen wij U, o hemelse Vader, dat U Uw Heilige Geest weer aan iemand anders geeft, die dan Uw Heilige Christelijke Kerk allerwegen weer bijeenroept, zodat we eendrachtig en christelijk verder leven en dat door onze goede werken alle ongelovigen, zoals Turken, heidenen en Calacutten, vanzelf tot ons komen en het christelijke geloof aannemen. Maar U wilt

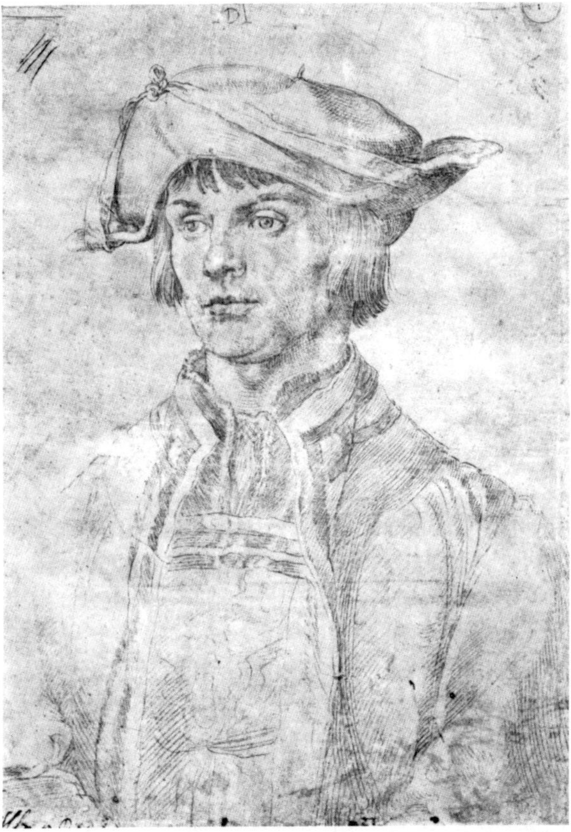

Lucas van Leiden

Heer, voor U oordeelt, zoals Uw Zoon Jezus Christus door de priesters sterven moest en uit de dood moest opstaan en daarna ten hemel varen, dat het evenzo zal gaan bij Uw navolger Maarten Luther, die door de paus met zijn geld verraderlijk tegenover God om het leven wordt gebracht, maar U zult hem weer opwekken. En zoals U daarna hebt verordend dat Jeruzalem moest worden verwoest, zo zult U ook deze zelf aangenomen macht van de stoel van Rome verwoesten. Ach Heer, geef ons daarna het nieuwe, heerlijke Jeruzalem dat van de hemel neerdaalt, zoals de Apocalyptus schrijft; het heilige, zuivere Evangelie, dat niet door de menselijke leer is verduisterd. Ieder die de boeken van doctor Maarten Luther leest, ziet toch dat zijn leer zo helder en doorzichtig is omdat hij het heilige Evangelie verkondigt. Daarom moeten zijn geschriften in grote ere worden gehouden en niet worden verbrand,[173] tenzij men zijn tegenstanders, die altijd de waarheid bestrijden, die uit mensen goden willen maken, ook in het vuur werpt met al hun opvattingen, maar dan alleen als men weer nieuwe boeken van Luther drukt. O God, als Luther dood is, wie zal ons dan voortaan het heilige evangelie zo helder uiteenzetten? Ach God, wat zou hij niet nog hebben kunnen schrijven in 10 of 20 jaar! O jullie vrome christenmensen, help me om deze door God geïnspireerde man met ijver te bewenen en God te bidden dat hij een andere verlichte man stuurt. O Erasmus van Rotterdam, waar wil je staan? Zie wat de onrechtvaardige tirannie van wereldlijke heerschappij en de macht der duisternis kunnen uitrichten! Luister, ridder van Christus, rijd vooraan naast Christus de Heer, bescherm de waarheid en reik naar de kroon der martelaren! Je bent toch al een oud mannetje. Ik heb over je gehoord, dat je jezelf nog maar 2 jaar in staat acht iets te kunnen doen. Besteed die goed, ter wille van het Evangelie en het ware christelijke geloof en laat je dan horen, dan zullen de poorten van de hel, de stoel van Rome, zoals Christus zegt, niets tegen je kunnen uitrichten. En als je hier net als je meester Christus de smaad en de schande van de leugenaars van deze tijd moet verduren en daarom wat eerder zal sterven, dan zul je toch eerder van de dood tot het leven komen en door Christus worden verheerlijkt. Want als je uit de kelk drinkt waaruit Hij gedronken heeft, zul je met Hem regeren en oordelen over degenen die niet rechtvaardig hebben gehandeld. O Erasmus, sta aan onze kant opdat God je zal roemen zoals geschreven staat van David; dan kun je, voorwaar, dan kun je Goliath verslaan. Want God staat de Heilige Christelijke Kerk bij, zoals Hij ook de Roomse Kerk steunt, overeenkomstig zijn goddelijke wil. Moge Hij ons helpen naar de eeuwige zaligheid, God de Vader, de Zoon en de Heilige Geest, de enige God, amen. O jullie christenmensen, bid God om hulp, want zijn oordeel is nabij en zijn gerechtigheid wordt onmiskenbaar. Dan zullen we het onschuldige bloed zien dat de paus, de priesters en de monniken hebben vergoten, veroordeeld en verdoemd. Apocalyptus. Dat zijn de vermoorden, die onder Gods altaar liggen en om wraak roepen, waarop de stem van God antwoordt: Verbeid het totale getal van degenen die onschuldig werden vermoord, dan zal ik oordelen.

Ik heb weer een gulden gewisseld voor eten en drinken. Ik heb de dokter weer 8 stuivers gegeven. Ook heb ik weer tweemaal met Rodrigo gegeten. Ik heb met de rijke kanunnik gegeten. Ik heb 1 gulden gewisseld voor eten en drinken. Ik heb meester Konrad, de beeldhouwer uit Mechelen, met Pinksteren te gast gehad. Ik heb 18 stuivers betaald voor Italiaanse kunst. De dokter weer 6 stuivers. Voor meester Joachim heb ik 4 Christoffels op grauw papier gemaakt.

Ik ben op de laatste pinksterdag[174] naar de jaarlijkse paardenmarkt in Antwerpen geweest en ik heb daar ontzettend veel prachtige hengsten zien berijden en in het bijzonder twee hengsten die voor 700 gulden werden verkocht. Ik heb 1 gulden plus 3 ort ontvangen voor mijn prenten. Ik heb dat geld gebruikt voor eten en drinken. Ik heb de dokter 4 stuivers betaald. Ik heb 3 stuivers uitgegeven voor twee boekjes. Ik heb 2 maal met Tommaso gegeten. Ik heb 3 ontwerpen voor hem gemaakt voor een gevest van een degen en hij heeft mij een albasten vaasje gegeven. Ik heb een Engelse edelman met houtskool getekend; hij heeft mij 1 gulden gegeven, die heb ik gebruikt voor eten en drinken. Meester Gerard, de miniatuurschilder,[175] heeft een dochter van een jaar of 18, ze heet Susanna en ze heeft een klein vel papier geïllustreerd, een *Salvator*, waarvoor ik haar 1 gulden heb gegeven. Het is een wonder dat een vrouw zoiets kan maken. Ik heb 6 stuivers verspeeld.

Ik heb de grote processie in Antwerpen gezien op Drievuldigheidszondag.[176] Meester Konrad heeft me een mooi stel messen gegeven en daarvoor heb ik zijn oude man een *Leven van Onze Lieve Vrouw* gegeven. Ik heb de goudsmid Jan uit Brussel met houtskool getekend en zijn vrouw ook. Ik heb voor 2 gulden kunst verkocht. Verder heeft de goudsmid Jan uit Brussel me 3 Philipsgulden gegeven omdat ik voor hem een ontwerp voor een zegel en de twee portretten heb gemaakt. Ik heb de *Veronica* die ik in olieverf heb geschilderd en *Adam en Eva* die Frans gemaakt heeft aan Jan de goudsmid gegeven voor een hyacint en een agaat, waarin een Lucretia was gesneden. Ieder heeft zijn deel op 14 gulden gewaardeerd. Voorts heb ik hem een serie gravures gegeven voor een ring en 6 steentjes. Ieder heeft zijn deel op 7 gulden gewaardeerd. Ik heb 14 stuivers voor twee paar handschoenen gegeven. Ik heb 2 stuivers voor twee doosjes gegeven. Ik heb 2 Philipsgulden gewisseld voor eten en drinken. Ik heb 3 tekeningen *Afneming van het Kruis* en 2 tekeningen van de olijfberg gemaakt op 5 halve vellen. Ik heb 3 portretten gemaakt in zwart en wit op grauw papier. Ik heb ook twee Nederlandse klederdrachten in wit en zwart op grauw papier getekend. Ik heb voor de Engelsman zijn wapen in kleur geschilderd, waarvoor hij me 1 gulden gaf.

Ik heb verder hier en daar tekeningen en andere dingen gemaakt om de mensen een plezier te doen en voor het grootste deel heb ik niets gekregen. Andreas van Krakau heeft me voor een schild en een kinderkopje een Philipsgulden gegeven. Ik heb 1 gulden gewisseld voor eten en drinken. Ik heb 2 stuivers betaald voor vegers.

Ik heb op Sacramentsdag[177] in Antwerpen de grote processie gezien die geweldig mooi was. Ik heb 4 stuivers fooi gegeven en de dokter 6 stuivers. Ik heb een gulden gewisseld voor eten en drinken. Ik heb de dokter 6 stuivers gegeven. 1 stuiver voor een doos. Ik heb 5 maal met Tommaso gegeten. Ik heb 10 stuivers in de apotheek uitgegeven en de vrouw van de apotheker heb ik

14 stuivers gegeven voor een klysma en aan de apotheker 15 stuivers voor het recept. Ik heb weer 2 Philipsgulden gewisseld voor eten en drinken. Ook heb ik de dokter weer 6 stuivers gegeven. Ik heb de vrouw van de apotheker 10 stuivers gegeven voor een klysma. Nog eens 4 stuivers in de apotheek. De monnik, bij wie mijn vrouw biecht, heb ik 8 stuivers gegeven. Ik heb 8 gulden betaald voor een hele lap Arrasstof. Ik heb nog eens 8 gulden betaald voor 14 el fijne Arrasstof. Ik heb de apotheker 32 stuivers voor medicijnen gegeven. Voorts heb ik de bode 3 stuivers gegeven en de kleermaker 4 stuivers. Ik heb een keer met Hans Fehle gegeten; 3 maal met Tommaso. Ik heb 10 stuivers betaald voor het inpakken.

Op woensdag na Sacramentsdag[178] van het jaar 1521 heb ik mijn grote balen aan een voerman in Antwerpen afgegeven om ze naar Neurenberg te laten vervoeren; hij heet Kunz Metz von Schlaudersdorf en ik moet hem anderhalve gulden per centenaar betalen voor het vervoer naar Neurenberg en ik heb hem 1 gulden extra gegeven. En hij moet ze aan Hans Imhoff de oudere toevertrouwen. Ik heb de jongen Jacob Rehlingen uit Antwerpen met houtskool getekend. Ik heb 3 keer met Tommaso gegeten.

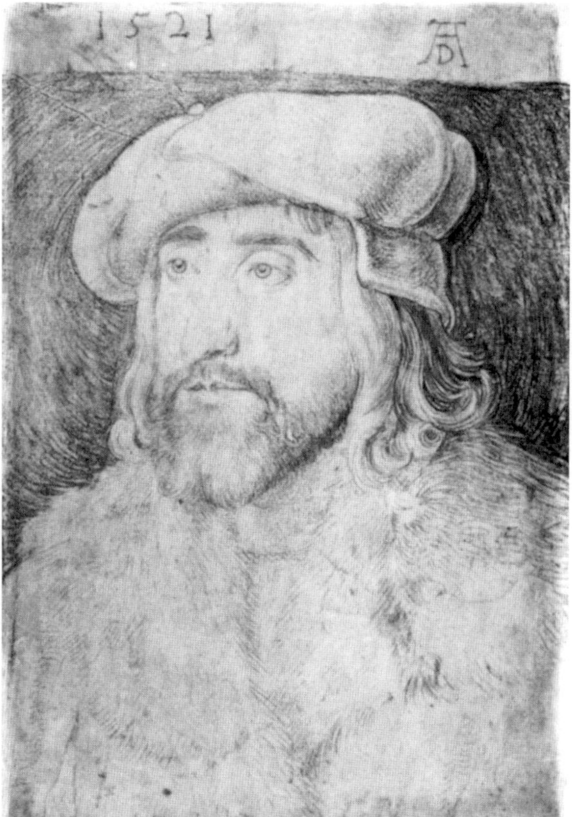

Koning Christiaan II van Denemarken

Nog een keer naar Mechelen

Aldus ben ik op de achtste dag na Sacramentsdag met mijn vrouw naar Mechelen gegaan, naar vrouwe Margaretha. Ik heb 5 gulden meegenomen voor onderweg. Mijn vrouw heeft 1 gulden gewisseld voor eten en drinken. In Mechelen ben ik in de herberg Het Gouden Hoofd geweest, bij de schilder meester Hendrik.[179] In mijn herberg hebben de schilders en beeldhouwers mij uitgenodigd hun gast te zijn en ze hebben mij in hun gezelschap veel eer bewezen. En ik ben in het huis van Popenreuther, de kanonnengieter[180] geweest en ik heb wonderlijke dingen bij hem gezien. Ik ben ook bij vrouwe Margaretha geweest en ik heb haar mijn portret van de keizer laten zien, dat ik haar wilde geven. Maar omdat ze het zo afschuwelijk vond, heb ik het weer meegenomen. En op vrijdag[181] liet ze mij haar mooie verzameling zien waaronder zowat 40 kleinere schilderijtjes, van een helderheid en kwaliteit zoals ik nog niet eerder heb gezien. Daar zag ik ook ander goed werk van Johannes en Jacob Walch.[182] Ik vroeg haar mij het boekje van Jacob te geven, maar ze zei dat ze het aan haar schilder[183] had beloofd. Ik zag nog vele andere kostbare zaken, waaronder een schitterende bibliotheek.

Meester Hans Popenreuther heeft mij uitgenodigd. Ik heb meester Konrad 2 keer en zijn vrouw een keer te gast gehad. Ook heb ik de kamerheer Stefan en zijn vrouw allebei te gast gehad. Ik heb 27 stuivers en 2 stuivers aan reiskosten uitgegeven. Verder heb ik de kamerheer Stefan en meester Konrad,[184] de beeldhouwer, met houtskool getekend en op zaterdag ben ik weer vanuit Mechelen in Antwerpen aangekomen.

Mijn hutkoffer is pas op zaterdag, acht dagen na Sacramentsdag,[185] weggegaan. Opnieuw heb ik 1 gulden gewisseld voor eten en drinken. Ik heb de bode 3 stuivers gegeven. Ik heb 2 keer bij de Augustijnen gegeten. Voorts heb ik met Alexander Imhoff gegeten. Ik heb in de apotheek 6 stuivers betaald. Ik heb weer een keer bij de Augustijnen gegeten. Ik heb meester Jacob[186] met houtskool getekend en er een klein paneeltje voor laten maken, dat kostte 6 stuivers en dat heb ik hem geschonken. Ik heb Bernard Stecher en zijn vrouw getekend en ik heb hem een hele serie prenten gegeven; zijn vrouw heb ik nog een keer getekend en ik heb 6 stuivers betaald voor het maken van een paneeltje ervoor en dat alles heb ik hem geschonken en hij heeft mij daarvoor 10 gulden gegeven.

Meester Lucas, die in koper graveert, heeft mij uitgenodigd; het is een klein mannetje, geboren in Leiden in Holland en hij was in Antwerpen. Ik heb met meester Bernard Stecher gegeten. Ik heb de bode anderhalve stuiver gegeven. Ik heb voor 1 gulden plus een ort aan kunst verkocht. Ik heb meester Lucas van Leiden met de stift getekend. Ik heb 1 gulden verloren. Voorts heb ik de dokter 6 stuivers betaald. En nog eens 6 stuivers. Ik heb de beheerder van het Augustijnenklooster in Antwerpen een *Leven van Onze Lieve Vrouw* geschonken en ik heb zijn knecht 4 stuivers gegeven. Ik heb meester Jacob een *Gegraveerde Passie* en een *Passie* in houtsnede en nog 5 andere stukken geschonken en zijn knecht heb ik 4 stuivers gegeven. Ik heb 4 gulden gewisseld voor eten en drinken. Ik heb 2 Philipsgulden betaald voor 14 vishuiden. Ik heb Art Braun en zijn vrouw met zwart krijt getekend. Ik heb de goudsmid, die 3 ringen voor mij heeft getaxeerd, voor 1 gulden aan kunst geschonken. Van de drie ringen die ik voor kunst heb geruild, zijn er twee op ongeveer 15 kronen getaxeerd maar de saffier is geschat op ongeveer 25 kronen, dat is samen 54 gulden en 8 stuivers. En wat de bovengenoemde Fransman[187] onder andere genomen heeft, zijn 36 grote boeken, dat is 9 gulden. Ik heb 2 stuivers betaald voor een gedraaid mes. Die man van de drie ringen heeft mij voor de helft bedrogen; ik heb het niet begrepen. Ik heb 18 stuivers uitgegeven voor een rode baret voor mijn petekind.[188] Ook heb ik 12 stuivers verspeeld. Aan drank heb ik 2 stuivers uitgegeven. Ook heb ik die drie mooie kleine robijntjes gekocht voor elf gulden en 12 stuivers. Ik heb 1 gulden gewisseld voor eten en drinken. Ik heb weer bij de Augustijnen gegeten. Ik heb opnieuw 2 keer bij Tommaso gegeten. Ik heb 6 stuivers betaald voor 13 penselen van caviahaar. Ik heb voor nog 6 penselen 3 stuivers uitgegeven.

Ik heb de grote Anthonie Haunolt met zwart krijt heel mooi op een groot vel papier getekend. Ik heb Art Braun en zijn vrouw op twee grote vellen getekend en ik heb hem nog een keer met de stift getekend; hij heeft mij een angloot gegeven. Ik heb weer een gulden gewisseld voor eten en drinken. Ik heb 1 gulden betaald voor een paar laarzen. Ik heb 6 stuivers betaald voor een inktstel. Ik heb 12 stuivers betaald voor een kist om spullen in te pakken. Voorts heb ik 21 stuivers betaald voor een dozijn dameshandschoenen. Ik heb 6 stuivers voor een tas uitgegeven. Ik heb 3 stuivers uitgegeven voor 3 penselen. Ik heb 1 gulden gewisseld voor eten en drinken. 1 stuiver uitgegeven voor een stuk saffiaanleer.

Anthonie Haunolt, die ik getekend heb, heeft me 3 Philipsgulden gegeven en Bernard Stecher heeft me een pantser van een schildpad geschonken. Ik heb de dochter van zijn vrouws zuster getekend. Ik heb een keer met haar man gegeten en hij heeft mij 2 Philipsgulden gegeven. Ik heb 1 stuiver fooi gegeven. Ik heb Anthonie Haunolt 2 boeken gegeven. Ik heb voor 13 stuivers aan kunst verkocht. Ik heb meester Joachim de houtsneden van Hans Grun gegeven. Voorts heb ik 3 Philipsgulden gewisseld voor eten en drinken. Ik heb ook tweemaal met Bernard Stecher gegeten. En weer 2 keer met Tommaso. Ik heb de vrouw van Joost 4 houtsneden geschonken. Ik heb Friedrich, de knecht van Joost, 2 grote boeken geschonken. Ik heb de zoon van glazenier Hennick 2 boeken geschonken.

Verder heeft Rodrigo mij een van de papegaaien gegeven die van Malaga komen en ik heb de knecht 5 stuivers fooi gegeven. Ik heb opnieuw 2 keer met Tommaso gegeten. Ik heb 2 stuivers betaald voor een vogelkooi. Ik heb 3 stuivers betaald voor een paar nieuwe voetstukken voor mijn broek en 4 stuivers voor 8 bordjes. Ik heb Peter 2 hele vellen gravures geschonken en 1 heel vel houtsneden. Ik heb weer 2 keer met Tommaso gegeten. Ik heb 1 gulden gewisseld voor eten en drinken. Ik heb meester Art, de glazenier, een *Leven van Onze Lieve Vrouw* geschonken en aan meester Jahn, de Franse beeldhouwer, een hele serie prenten; hij heeft mijn vrouw 16 glaasjes met rozenwater gegeven die heel mooi zijn gemaakt. Ik heb eveneens 7 stuivers uitgegeven voor een pakkist. Ik heb 1 gulden gewisseld voor eten en drinken. Ik heb ook 7 stuivers uitgegeven aan een uit leer gesneden tasje.

Cornelius Secretaris heeft mij de *Babylonische gevangenschap*[189] van Luther geschonken; daarvoor heb ik hem mijn 3 grote boeken gegeven. Voorts heb ik aan de Peter Pot-monnik[190] voor 1 gulden aan kunst gegeven. Ook heb ik de glazenier Hennick 2 grote boeken gegeven. Ik heb 4 stuivers uitgegeven voor een gladde stof van calico. Ik heb voorts 1 Philipsgulden gewisseld voor eten en drinken. Ik heb een hele serie kopergravures van Lucas geruild voor mijn eigen werk ter waarde van 8 gulden. Ik heb weer een Philipsgulden gewisseld voor eten en drinken. Ik heb 9 stuivers betaald voor een tasje. Verder heb ik 7 stuivers betaald voor een half dozijn Nederlandse kaarten. En nog 3 stuivers voor een kleine gele posthoorn. Ook heb ik 24 stuivers uitgegeven voor vlees; 12 stuivers voor grof doek. Ik heb weer 2 keer met Tommaso gegeten. Ik heb Peter een stuiver gegeven. Ik heb 7 stuivers betaald voor het pakken. 3 stuivers voor dekkleden. Dan heeft Rodrigo mij 6 el zwarte ruwe stof gegeven voor een reiscape, die kost 1 kroon per el. Ik heb 2 gulden gewisseld voor eten en drinken. Ik heb de knecht van de kleermaker 2 stuivers fooi gegeven.

Ik heb met Joost afgerekend en ik ben hem 31 gulden schuldig. Die heb ik hem betaald en daarbij zijn inbegrepen en afgerekend de twee portretten in olieverf die ik gemaakt heb en daarop heeft hij mij 5 pond borax gegeven, in Nederlands gewicht. Ik heb met al mijn werk, uitgaven voor eten en drinken, verkopen en andere bezigheden, in al mijn zaken met de hogere en lagere standen in Nederland verlies geleden en in het bijzonder heeft vrouwe Margaretha voor datgene wat ik haar gegeven heb en voor haar heb gemaakt, niets teruggegeven. En de afrekening met Joost was op de feestdag van St. Petrus en Paulus.

Ik heb de knecht van Rodrigo 7 stuivers fooi gegeven. Ik heb meester Hennick, die mij de rookkaarsen heeft gegeven, een *Gegraveerde Passie* geschonken. Ik heb de kleermaker 45 stuivers moeten geven voor het maken van mijn reiscape. Ik heb een voerman besteld, die mij van Antwerpen naar Keulen moet brengen en ik moest hem 13 slechte gulden loon betalen, die zijn per stuk 24 slechte stuivers en ik moet bovendien een man en een jongen de kost geven. Jacob Relinger heeft me een dukaat gegeven voor zijn met houtskool getekend portret. Gerardo heeft me 2 vaatjes met kappertjes en olijven gegeven, ik heb daarvoor 4 stuivers fooi gegeven. Ik heb Rodrigo's knecht een stuiver gegeven. Ik heb mijn portret van de keizer geruild voor een witte Engelse doek, die Jacob, de schoonzoon van Tommaso, mij gegeven heeft. Alexander Imhoff heeft mij het volle bedrag van honderd gulden geleend op de avond van Onze Lieve Vrouw die over de bergen trekt;[191] ik heb hem daarvoor mijn verzegelde handtekening gegeven, die hij me in Neurenberg laat aanbieden en dan zal ik hem onder dank terugbetalen. Ik heb 6 stuivers uitgegeven voor een paar schoenen. Ik heb de apotheker elf stuivers gegeven, ik heb 3 stuivers betaald voor een touw. Ik heb de keuken van Tommaso bij het afscheid een Philipsgulden gegeven en juffrouw Zoete als afscheid een goudgulden. Ik heb 3 keer met hem gegeten. Ik heb de vrouw van Joost 1 gulden en de keuken ook 1 gulden ten afscheid gegeven. Ik heb de inladers 2 stuivers gegeven. Tommaso heeft me een busje vol met de beste Theriak[192] gegeven. Ik heb 3 gulden gewisseld voor eten en drinken en ik heb de huisknecht 10 stuivers ten afscheid gegeven. Ik heb 2 stuivers fooi gegeven; plus 3 stuivers aan de knecht van meester Jacob. Ik heb 4 stuivers voor dekkleden betaald. Ik heb Peter een stuiver gegeven. En ik heb de bode 3 stuivers gegeven.

Op Onze Lieve Vrouw Visitatie,[193] toen ik juist uit Antwerpen wilde vertrekken, stuurde de koning van Denemarken[194] iemand naar me toe met het verzoek om met spoed naar hem toe te komen om hem te tekenen. Dat deed ik met houtskool. En ik tekende ook zijn dienaar Anton. En ik moest met de koning eten, hij betoonde zich welwillend tegenover mij. Ik heb mijn balen toevertrouwd aan Leonard Tucher en hem mijn witte doek meegegeven. De voerman met wie ik aanvankelijk had afgesproken heeft me niet meegenomen; ik ben het met hem niet eens geworden. Gerhard heeft me wat Italiaanse zaden gegeven. Ik heb op Onze Lieve Vrouw Visitatie 1521 aan de vicaris[195] meegegeven het grote schildpadpantser, het schild van vissenhuid, de lange pijp, de lange lans, de vissenvinnen en de twee vaatjes met citroenen en kappertjes, om het bij me thuis te brengen.

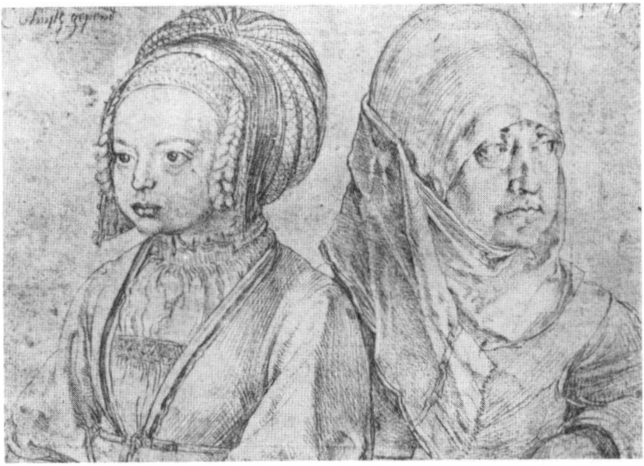

Meisje met Keulse muts; Agnes Dürer op de Rijn bij Boppard

En de volgende dag gingen we naar Brussel in opdracht van de koning van Denemarken. En ik sprak af met een voerman, die ik 2 gulden heb gegeven. Ik heb de koning van Denemarken de beste prenten van al mijn werk geschonken, die zijn 5 gulden waard. Ik heb weer 2 gulden gewisseld voor eten en drinken. 1 stuiver uitgegeven voor een schotel en een mand. Ik heb gezien dat de bevolking van Antwerpen zich erg verbaasd heeft toen ze de koning van Denemarken zag, die zo'n manlijke, knappe man was en nu door het land van zijn vijand hierheen gekomen was met maar 2 begeleiders. Ik heb ook gezien hoe de keizer hem vanuit Brussel tegemoet gereden is en hem heeft ontvangen met eerbetoon en veel pracht en praal. Daarna heb ik het eervolle en grootse banket gezien, dat de keizer en vrouwe Margaretha de volgende dag hadden aangerecht. Ik heb 2 stuivers uitgegeven voor een paar handschoenen. De heer Anthonie heeft mij 12 Hoornse gulden gegeven. Daarvan heb ik 2 Hoornse gulden aan de schilder gegeven voor het paneeltje, waarop ik het portret moest tekenen en omdat hij de verf voor me had laten wrijven. De andere 8 Hoornse gulden heb ik gebruikt voor eten en drinken.

Op zondag voor St. Margaretha[196] gaf de koning van Denemarken een groot banket voor de keizer, vrouwe Margaretha en de koningin van Spanje[197] en hij nodigde ook mij uit en ik at daar ook mee. Ik heb 12 stuivers betaald voor het foedraal voor de koning en ik heb de koning in olieverf geschilderd en hij heeft me 30 gulden gegeven. Verder heb ik 2 stuivers gegeven aan een jongen,

Bartholomeus genaamd, die de verf voor me heeft gewreven. Ik heb 2 stuivers betaald voor een glazen potje, dat van de koning geweest was. Ik heb 2 stuivers fooi gegeven. Ook 2 stuivers voor gegraveerde bekertjes. Dan heb ik het knechtje van meester Jan vier halve vellen gegeven. Verder heb ik het knechtje van de meesterschilder een *Apocalyps* en 4 halve vellen gegeven. De Bolognees heeft me een of twee Italiaanse prenten geschonken. Ik werd uitgenodigd door de houtsnijder Joost en ik heb 's avonds met hem gegeten. Ik heb 32 stuivers betaald voor de huur van een kamer in Brussel, voor 8 dagen. Ik heb de vrouw van meester Jan de goudsmid, met wie ik 3 keer heb gegeten, een *Gegraveerde Passie* geschonken. Ik heb Bartholomeus, het schildersknechtje, nog een *Leven van Onze Lieve Vrouw* gegeven. Ik heb met de heer Nicolaas Ziegler gegeten en ik heb de knecht van meester Jan 1 stuiver gegeven. Omdat ik geen vervoer kon krijgen ben ik 2 dagen langer in Brussel gebleven. Ik heb een stuiver uitgegeven voor een paar sokken.

Aldus ben ik vrijdagmorgen[198] vroeg uit Brussel vertrokken en ik moest de voerman 10 gulden geven. Ik heb mijn waardin nog 5 stuivers moeten betalen voor die ene nacht. Daarna reden we door 2 dorpen en we kwamen bij Leuven en aten daar 's morgens voor 13 stuivers. Daarna reden we door 3 dorpen en bereikten Thienen, een klein stadje waar we bleven overnachten; ik heb daar 8 ½ stuiver uitgegeven.

Op de feestdag van St. Margaretha reden we vroeg weg, door 2 dorpen en we kwamen in een stad die St. Truien heet en daar wordt werkelijk een prachtige kerktoren helemaal opnieuw opgebouwd. Vandaar reden we weer langs een paar armelijke woningen en kwamen in het stadje Tongeren, daar aten we 's morgens allemaal voor 6 stuivers. Vandaar reden we door een dorp en langs een paar armelijke huizen en we bereikten Maastricht, daar overnachtte ik en gaf er 12 stuivers uit. Ook heb ik nog twee blanken[199] als wachtgeld gegeven.

Vandaar reden we 's zondags vroeg naar Aken, daar aten we met z'n allen voor 14 stuivers. Vandaar zijn we naar Altenburg gereden, dat duurde 6 uur omdat de voerman de weg niet kende en verkeerd reed. We bleven daar weer overnachten en gaven 6 stuivers uit.

Maandagmorgen vroeg reden we door Gulik, een stad, en we bereikten Bergheim, daar aten en dronken we en gaven 3 stuivers uit. Vandaar reden we door nog 3 dorpen en kwamen in Keulen aan.

Nawoord

Het was aanvankelijk de bedoeling dat Albrecht Dürer (1471-1528) zijn vader zou opvolgen als goudsmid. In zijn vaders werkplaats in Neurenberg leerde hij het fijne handwerk. Maar hij wilde toch liever schilder worden en in 1486 begon hij aan een schildersopleiding bij Michael Wolgemut. Behalve schilderen en tekenen leerde hij er ook houtsnijden. In 1490 werd hij door zijn vader op reis gestuurd en in Bazel kwam hij in contact met enkele uitgevers, voor wie hij tekeningen en boekillustraties maakte. In 1494 keerde hij naar Neurenberg terug en trouwde met Agnes Frey. Het huwelijk bleef kinderloos.

Dürer is de eerste Duitse kunstenaar die naar Italië reist om daar de kunst te leren kennen. Hij bezoekt Venetië, Bologna en wellicht ook Florence. De indrukken die hij tijdens zijn Italiaanse reis heeft opgedaan, zijn van blijvende invloed geweest op zijn werk. Na zijn terugkeer begon hij in Neurenberg een atelier, waar hij vooral gravures en houtsneden maakte, die hij ook zelf afdrukte en verkocht. Enkele jaren later gaat hij nog eens naar Italië.

In Neurenberg is hij zeer goed bevriend met de humanist Willibald Pirckheimer, wiens geschriften hij illustreert. In 1512 vindt hij aansluiting bij de kunstenaarskring van Maximiliaan I, de keizer van het Heilige Roomse Rijk, die hem in 1515 een jaargeld geeft van 100 gulden. Maximiliaan sterft in 1519 en daarmee stopt het jaargeld. De directe aanleiding tot Dürers reis naar de Nederlanden is om de voortzetting van het jaargeld te krijgen van de opvolger van de keizer, Karel V, hertog van Bourgondië, kleinzoon van Maximiliaan. Karel V keerde op 1 juni 1520 vanuit zijn Spaanse koninkrijken naar de Nederlanden terug om in Aken tot keizer te worden gekroond. Uiteraard wil Dürer tijdens zijn verblijf in de Nederlanden kennismaken met de grote Vlaamse meesters uit die tijd en hij is bovendien van plan daar zijn houtsneden en grafisch werk te verkopen. Daarvan neemt hij het nodige mee, waardoor hij een grote hoeveelheid bagage heeft.

Hij vertrekt op 12 juli 1520 en de reis zal een jaar duren. In Neurenberg woedde toen de pest en het zou kunnen, dat Dürer zijn vrouw en dienstmeid Susanne meenam omdat hij niet kon voorzien wat er tijdens zijn afwezigheid zou kunnen gebeuren.

De reis verloopt in etappes: eerst reist hij over land naar Bamberg, waar hij van de bisschop een tolbrief krijgt die hem vrijwaart van het betalen van tolgeld tijdens de bootreis over de Main en de Rijn. In Bamberg scheept hij zich in; zijn omvangrijke bagage werd over land naar Frankfurt gebracht. Vanuit Frankfurt vaart hij over de Main verder naar Mainz en vervolgens via de Rijn naar Keulen. Vanuit Keulen gaat de reis over land naar Antwerpen, waar het gezelschap ten slotte op 3 augustus aankomt.

Vanuit Antwerpen bezocht hij andere Vlaamse steden, Aken, Keulen en Zeeland. In Aken woont hij de kroning van Karel V bij. Zijn vaste stek in Antwerpen was de herberg van Joost Blanckfelt, waar hij een woonkamer, slaapkamer en keuken ter beschikking had.

Het dagboek dat Dürer tijdens zijn reis bijhield geeft niet in de eerste plaats een gedetailleerde beschrijving van de indrukken die hij opdeed of van de dingen waarmee hij zich bezighield. Het is meer een notitieboek, waarin hij vooral alle uitgaven nauwkeurig bijhoudt: zijn reis- en verblijfskosten, eten en drinken, aankopen, verliezen bij het spelen, tot en met de kosten voor het nemen van een bad aan toe. Tot op de stuiver nauwkeurig noteert hij wat de verkoop van zijn prenten heeft opgeleverd en wat hij aan geschenken ontvangt wordt ook in geld uitgedrukt. Zijn tekeningen en prenten ruilt hij tegen andere kunst en curiosa en ook daarvan houdt hij nauwkeurig boek. Aan het eind van zijn reis constateert hij spijtig dat hij er financieel op achteruit is gegaan.

Onderweg kreeg hij te maken met verschillende geldsoorten, afhankelijk van de plaats waarin hij zich bevond. Bankbiljetten waren er toen nog niet, die werden pas in de zeventiende eeuw in Venetië geïntroduceerd. Om het gewicht te beperken werden de munten pas tegen kleingeld ingewisseld als dat nodig was.

Toch legt hij een aantal belevenissen vast, waaronder de grote processie in Antwerpen, de tentoonstelling van Mexicaanse voorwerpen in Brussel, zijn bijna ongeluk in Zeeland en zijn verontwaardiging over de arrestatie van Luther. Het dagboek geeft ook een beeld van de zeden en gewoonten van die tijd. Zo moeten Dürers vrouw en zijn dienstmeid hun eigen potje koken, terwijl hij zelf met andere kunstenaars, kooplieden, gegoede burgers en hoogwaardigheidsbekleders buiten de deur eet. Ook hierbij valt op dat hij nauwkeurig bijhoudt hoe vaak hij door anderen wordt uitgenodigd.

Maken we de balans op van Dürers reis, dan kunnen we constateren dat het primaire doel – de continuering van zijn jaargeld – was bereikt. Hij werd door kunstbroeders en geleerden, door het bestuur van Antwerpen en andere magistraten geëerd als 'vorst van de noordelijke schilders'. Hij heeft onderweg meer dan honderd tekeningen en schilderijen gemaakt, waarvan slechts een deel behouden is gebleven. Hij heeft op grote voet geleefd en zijn kunst met royale hand weggegeven. Aan het eind van de reis moet hij honderd gulden lenen om zijn onkosten te bestrijden.

Een negatief gevolg van zijn reis door de Nederlanden was de (malaria)infectie die hij in Zeeland heeft opgelopen en die uiteindelijk heeft geleid tot zijn vroegtijdige dood.

Anne Pries

NOTEN

1. 8 juli 1520.
2. Georg Schenk van Limburg (1505-1522).
3. Een serie van 20 houtsneden, *Das Marienleben*, ontstaan in de periode 1501-1511.
4. Een serie van 15 houtsneden, *Heimlichen Offenbarung*, ontstaan in de periode 1496-1498. In 1511 komt er een nieuwe uitgave met titelblad en Latijnse tekst.
5. Op vertoon van zo'n tolbrief hoefde je geen tolgeld te betalen.
6. Hans Wolfgang Katzheimer.
7. Klooster Mattenstadt.
8. 20 juli 1520.
9. Bekende lakenhandelaar uit Frankfurt van wie Dürer in 1507 de opdracht had gekregen voor het schilderen van een groot altaarstuk voor de Dominicanerkerk in Frankfurt.
10. 23 juli 1520.
11. Waarschijnlijk de houtsnijder Joost de Necker, die voor Dürer werkte.
12. (Post)bode, die de zendingen van Dürer naar het buitenland bezorgde.
13. Kardinaal Albrecht van Brandenburg (1490-1545), keurvorst en kardinaal van Mainz.
14. Dürers vrouw reisde vaak naar beurzen om zijn werk te verkopen. Daardoor kende ze waarschijnlijk de tolgaarder.
15. 25 juli 1520.
16. Nicolaas Dürer, bijgenaamd Unger (Hongaar), de zoon van Dürers oom Ladislaus en goudsmid in Keulen.

[17] 28 juli 1520.

[18] De herberg van Joost Blanckfelt bevond zich in het huis De Engelenborch in de Wolfstraat (of Engelse straat), tussen de haven en de markt. Dürer noemt deze man steeds Jobst Planckfelt.

[19] Een bekend Augsburgs handelshuis in Antwerpen.

[20] Dürer met zijn vrouw Agnes en hun dienstbode Susanne.

[21] 1 augustus 1520.

[22] Het huis van burgemeester Arnold van Liere, bekend als de Hof van Liere in de Prinsenstraat.

[23] 5 augustus 1520.

[24] Adriaan Herbouts, adviseur van de stad Antwerpen.

[25] Peter Teels, geb. 1467.

[26] Quinten Matsijs, de bekendste schilder van de toenmalige Antwerpse schildersschool (1466-1530).

[27] Lorenz Staiber, een koopmanszoon uit Neurenberg, door Hendrik VIII in de adelstand verheven.

[28] Het hoofd van de Factorij van Portugal, João Brandão.

[29] De Eekhof.

[30] Die intocht van Karel V was op 23 september 1520.

[31] João Brandão.

[32] Een lid van een bekende Neurenberger familie.

[33] De *Kleine Passie* bestaat uit een serie van 37 houtsneden, ontstaan in 1509-1511, voorstellende het lijden van Christus.

[34] De boekuitgaven van de *Grote Passie* (1498-1510), de *Apocalyps* (uitgave 1511) en *Het leven van Maria* (1501-1511), alle houtsneden.

[35] De *Gegraveerde Passie* bestaat uit een serie van 16 gravures, ontstaan in de jaren 1507-1512.

36 Felix Hungersperg.

37 Waarschijnlijk Alexander van Brugsal.

38 De landschapsschilder Joachim Patinier.

39 Voor de decoraties ter ere van de intocht van Karel V.

40 Vier gravures uit 1519 en 1520: *Maria met het wikkelkind*, *Maria met Kind, door een engel gekroond*, St. *Antonius en de marktboeren.*

41 Tommaso Bombelli uit Genua was de rentmeester van de aartshertogin Maria van Oostenrijk en een van de belangrijkste zijdehandelaars in Antwerpen.

42 Dürer zette elke keer een streepje, wanneer hij met Tommaso had gegeten.

43 Lorenz Sterck, rentmeester van Brabant en Antwerpen.

44 De Portugees Vasco da Gama was in 1498 in Calcutta geland.

45 Augostino Scarpinello, secretaris en vriend van de bisschop van Tuy.

46 De houtsneden *Images coeli septentrionales* en *Images coeli meridionales*, het noordelijke en zuidelijke hemelgewelf, die Dürer in 1515 in opdracht van Johannes Stabius getekend had.

47 Nicolaas Kratzer, astronoom aan het hof van Hendrik VIII, vriend van Erasmus.

48 Hans Pfaffroth was in dienst van de Portugese vertegenwoordiging.

49 Begijnen.

50 Weefsel uit een mengsel van zijde, wol en linnen, dat genoemd is naar de stad Arras.

51 Rodrigo Fernandez d'Almada, een rijke Portugese koopman.

52 Gillis van Aspenauwe, een edelman die aan het hof diende.

[53] Konrad Meijt, Zwitser van geboorte, werkte aan het hof van landvoogdes Margaretha.

[54] Kopergravures: *Hieronymus* (1514), *Melancholie* (1514), *De drie nieuwe Maria's* (1519|20), *Antonius*, (1519), *Zweetdoek van Veronica met twee engelen* (1513), *Eustachius* (ca. 1500), *Het grote geluk* (1503).

[55] St. Bartholomeus valt op 24 augustus.

[56] Kopergravure uit 1504.

[57] Kopergravure uit 1508.

[58] Hans Ebner, Leonard Groland en Nicolaas Heller, raadsheren uit Neurenberg, die Rijksinsignes voor de kroning van Karel V naar Aken moesten brengen.

[59] Jacob Banisius (1467-1532), secretaris van Maximiliaan en vriend van Pirckheimer.

[60] Hans van Brandenburg, die de weduwe van koning Ferdinand van Aragon had gehuwd.

[61] Het paleis van de hertogen van Brabant, La cour de Bruxelles.

[62] Dürers verzoek aan Karel V om het jaargeld dat hij sinds 1515 van Maximiliaan I kreeg te bestendigen.

[63] Erasmus Strenberger, secretaris van Jacob Banisius.

[64] Mexico. Dürer zag in het paleis een tentoonstelling van voorwerpen die Herman Cortez een jaar tevoren van keizer Montezuma II had gekregen en die nu door Karel V bij zijn terugkeer uit Spanje waren meegebracht. Montezuma II was keizer van de Azteken van 1502-1520, toen de Spanjaarden Mexico veroverden.

[65] Een centenaar is 100 pond.

[66] Het huis van graaf Hendrik van Nassau, stadhouder van Holland, Zeeland en Friesland, militair leermees-

ter van Karel V. Tegenwoordig museum voor schone kunsten.

67 Waarschijnlijk de door Rogier van der Weijden geschilderde triptiek van de heilige Lucas, schutspatroon van de schilders, die in de kapel van het St. Lucasgilde hing.

68 Hugo van der Does.

69 Dat bed was bedoeld voor degenen die dronken geworden waren.

70 Waarschijnlijk Gillis de Busleijden, hoofd van de rekenkamer van Brabant en rentmeester van de kerk St. Gudule in Brussel.

71 De eerste uitgave van Till *Eulenspiegel* was in 1515 in Straatsburg verschenen.

72 2 september 1520.

73 Oudste zoon van Martin Geuder en Juliana, een zuster van Pirckheimer. Later raadsheer van Neurenberg.

74 Chinees porselein.

75 Wilhelm en Wolfgang von Rogendorff, stadhouder van Friesland en (later) maarschalk in Oostenrijkse dienst.

76 Lid van een invloedrijke familie uit Augsburg.

77 Frederik II (1482-1556), sinds 1501 aan het hof van Brussel.

78 Marc de Glasere uit Brugge. Werd in 1524|25 goudsmid van de regentes Margaretha.

79 Dirck Jacob Vellert (Felart), lid van het Lucasgilde in Antwerpen (1511), in 1518 en 1526 decaan.

80 Lid van een adellijke familie uit Neurenberg.

81 Sinds 1519 factor van Fugger in Antwerpen, later raadsheer van de regentes Maria van Hongarije (1492-1559).

82 Jacob van Lübeck.

83 Jan Provoost, gestorven in 1529.

84 Het gaat om een medaille met het portret van Dürer, die door Hans Schwarz was uitgevoerd.
85 Felix Hungersperg.
86 Gedrukt programma van de feestelijkheden rond de intocht van Karel V in Antwerpen.
87 *De geschiedenis van de reus Brabo*, dat in het Stedelijk Archief in Antwerpen wordt bewaard.
88 Gestorven op 6 april 1520.
89 Tommaso Vincidor van Bologna kwam in 1520 in opdracht van paus Leo X naar de Nederlanden. Hij werkte later in Breda.
90 In feite was zij de tante van Karel V en niet zijn zuster.
91 Vicekanselier van Karel V. Stierf in 1534.
92 Adriaan Herbouts.
93 Vlugschriften over Luther en de reformatie.
94 Zilver- of loodstift. Het potlood werd pas in 1796 uitgevonden.
95 1 oktober 1520.
96 Het gaat om gravures die vooral door Marcantonio Raimondi (± 1475-1534) zijn gemaakt naar voorbeelden van Rafael.
97 De tekening is verdwenen. Er bestaat alleen nog een in 1629 door Andreas Stock gemaakte gravure van.
98 Utz Hanolt Meyding, lid van een voorname Augsburgse familie.
99 4 oktober 1520.
100 'De architectura libri X.' Karel de Grote had de zuilen overigens uit Ravenna gehaald en niet uit Rome.
101 De kroningszaal van het Raadhuis in Aken.
102 Herberg Zum Spiegel.
103 Christoph (1508-1561) was de zoon van Leonard Groland

uit Neurenberg. Werd daar in 1849 senator.
104 Was in 1519 burgemeester van Aken.
105 Een inwoner van Neurenberg (1455-1544).
106 Raadsheer uit Neurenberg (1490-1552).
107 Dürer vergist zich. Het moet de arm van Karel de Grote zijn.
108 Caspar Sturm (1475-1548). Hij begeleidde Luther in 1521 als rijksheraut van Wittenberg naar Worms.
109 Jacob Köpfinger von Ulm, advocaat in Neurenberg.
110 *De coronatione Caroli V apud Aquisgranum* van Herman Mohr. Keulen 1520, Neurenberg 1523.
111 Matthias Püchler, ambtenaar bij de keizerlijke kanselarij. Hij heeft voor Dürer de order tot uitbetaling van zijn jaargeld getekend.
112 Kroningsmedaille met het portret van Karel V.
113 28 oktober 1520.
114 Een speciaal brood dat op Allerheiligen en Allerzielen wordt gebakken.
115 Het in 1440 door Stefan Lochner gemaakte schilderij *De aanbidding van de heilige Drie koningen* bevond zich toen in de raadhuiskapel. Nu hangt het in de dom van Keulen.
116 Op 11 november kreeg Dürer de toezegging dat de stad Neurenberg op last van de keizer aan Dürer een jaargeld zou betalen. De *Confirmacia* was gedateerd: 4 november 1520. Het verkrijgen van deze toezegging was de reden van Dürers reis naar de Nederlanden.
117 Bekend tolhuis bij Lobith.
118 Bedoeld wordt de Waal.
119 21 november 1520.
120 Lazarus von Ravensburger.

[121] 3 december 1520.
[122] Walcheren.
[123] 10 december 1520.
[124] 14 december 1520.
[125] De verloofde van Gerardo Bombelli.
[126] Francesco Pesão.
[127] Een model, waarschijnlijk de 93-jarige grijsaard.
[128] Waarschijnlijk was zij peettante geworden.
[129] Zes ornamentale houtsneden van Dürer, die op Leonardo da Vinci zijn terug te voeren.
[130] Dokter Luppin, lijfarts van keizer Maximiliaan.
[131] Als geneesmiddel gebruikte vruchten uit Oost-Indië.
[132] Engelse munt met de afbeelding van de aartsengel Michael, ter waarde van 2 gulden en 2 stuivers.
[133] 10 februari 1521.
[134] Gerard ter Werve.
[135] Floris Nepotis is Fleurequin Neefs.
[136] Jan Mone, beeldhouwer uit Lotharingen.
[137] Christoph Coler (1483-1536), sinds 1520 raadsheer in Neurenberg.
[138] De schilder en kunsthandelaar Jakob Tierik (gestorven 1567).
[139] Hans Leonard Schaufelein (1490-1540), Dürers leerling.
[140] De gravure: *De ridder, de dood en duivel.*
[141] Petrus Aegidius, vriend van Erasmus.
[142] De toren in Antwerpen was 132 m hoog; die van Straatsburg 143 m.
[143] De verloofde van Bombelli.
[144] Voor het portret van Rodrigo.
[145] Dürer tekende voor het Nicolaasaltaar van het gilde in de Onze Lieve Vrouwekerk een zittende Nicolaas.

146 Burgemeester van Neurenberg.
147 16 maart 1521.
148 Geaquarelleerde pentekening.
149 Cornelius Grapheus.
150 Clara Held.
151 Felicitas, de dochter van Willibald Pirckheimer.
152 Barbara, eveneens een dochter van Willibald Pirckheimer.
153 Ursula Schulmeister en Julia Tucher, echtgenoten van respectievelijk Lazarus en Georg Spengler.
154 Waarschijnlijk Katharina Pummel, vrouw van Thomas Löffelhölz, raadsheer van de keizer.
155 Kroningsmedaille met de beeltenis van Karel V.
156 Holzschuler was burgemeester van Neurenberg en een vriend van Dürer.
157 Een voorstelling van de strijd van de gezworenen tegen keizer Maximiliaan.
158 Een scheepsmodel van Ambrosius Höchstetter, een koopman uit Augsburg, die samen met Fugger en Welser in 1505 de eerste drie schepen voor de Oost-Indiëvaart had uitgerust.
159 Lignum Guaiaeum gold als geneesmiddel tegen de 'Franse ziekte' (syfilis) en andere kwalen.
160 6 april 1521.
161 Een herhaling, staat zo in de oorspronkelijke tekst.
162 Het Prinsenhof, het paleis van de Bourgondische hertogen in Brugge.
163 De levensgrote Madonna uit wit marmer, gemaakt in 1500-1501.
164 Jan van Eijck.
165 9 april 1521.

166 Toren van de St. Bavo, vroeger St. Johanneskerk geheten.

167 Beroemd vleugelaltaar van de gebroeders Hubert en Jan van Eijck.

168 De Schelde, de Leije, de Lieve en de Moere.

169 11 april 1521.

170 5 mei 1521.

171 Hier is duidelijk dat Dürer de reformatie ook zag als een sociale beweging, dat hij door het optreden en de werken van Luther een verandering van de sociale toestand in Duitsland voorzag.

172 Hier verwijst Dürer naar de Engelse reformator John Wicliff (± 1320-1384).

173 Het edict van Worms van 8 mei 1521 beval onder andere de verbranding van Luthers geschriften.

174 21 mei 1521, Dürers 50ste verjaardag.

175 Gerard Horebouts uit Gent was toen in dienst van landvoogdes Margaretha en later van Hendrik VIII in Engeland. Zijn dochter Susanna werkte later ook aan het Engelse hof.

176 26 mei 1521.

177 30 mei 1521.

178 5 juni 1521.

179 Hendrik Kelderman, schilder en waard van Het Gouden hoofd.

180 Hans Popenreuther goot ook klokken en ander bronswerk.

181 7 juni 1521.

182 Bedoeld worden Jan van Eijck en Jacopo de Barbari.

183 Bernard van Orley.

184 Konrad Meijt.

[185] 8 juni 1521.

[186] Dit is waarschijnlijk Jacob Proesten, de prior van het Augustijnenklooster.

[187] Jan van de Perre.

[188] Hieronymus Imhoff, de zoon van Hans Imhoff en Felicitas Pirckheimer.

[189] Het geschrift van Luther: *Von der Babylonischen Gefengknuß der Kirchen*.

[190] Een monnik van de Peter Pot-stichting in de Monsterstraat in Antwerpen, die arme zieke vreemdelingen verpleegde.

[191] 1 juli 1521.

[192] Geneesmiddel uit plantenextract en honing.

[193] 2 juli 1521.

[194] Christiaan II, echtgenoot van Isabella, de zuster van Karel V.

[195] De vicaris van de Duitse Augustijnen, Wenzeslaus Link (1483-1547), die toen in Antwerpen was. Dürer vertouwde hem enige van zijn curiositeiten toe.

[196] 7 juli 1521.

[197] Germaine de Foix, weduwe van koning Ferdinand van Aragon.

[198] 12 juli 1521

[199] Zilveren munten

MUNTWAARDEN

Zilveren pfennig	8 pfennig
Heller	50 pfennig
Stuiver	80 pfennig
Weisspfennig	100 pfennig = 2 heller
Blanke	2 stuivers
Ort (kwartgulden)	6 stuivers
Dukaat (Hongaars)	700 pfennig
Slechte gulden	12 stuivers
Nobel (Vlaams)	990 pfennig
Rijnlandse gulden	4 stuivers, 2,53 gram fijn goud
Goudgulden	24 stuivers
Philipsgulden	25 stuivers
Kroon (goudstuk)	ongeveer 1 fl. 9 stuivers
Angloot	2 fl. 2 stuivers = 50 stuivers
(Rosen) Nobel	2 fl. 2 stuivers = 50 stuivers

6. Eerste bladzijde van het manuscript van *Tagebuch der Niederländischen Reise*, Bamberg, Staatliche Bibliothek.

9. Portret van een vierentwintigjarige man, gezicht op de St. Michaelsabdij in Antwerpen, 1520, zilverstift, 133 x 194 mm. Chantilly, Musée Condé.

14. Joost Blanckfelt, 1520, pen, 160 x 105 mm. Frankfurt am Main, Städelsches Kunstinstitut.

18. Hoofdman Felix Hungersperg, 1520, pen, 160 x 105 mm. Wenen, Albertina.

21. Hans Pfaffroth von Danzig, 1520, pen, 161 x 108 mm. Parijs, Louvre, Cabinet Rothschild.

23. Rodrigo Fernandez d'Almada, 1521, penseeltekening op donkerpaars gegrond papier, 373 x 271 mm. Berlijn, Staatliche Museen Preußischer Kulturbesitz, Kupferstichkabinett.

26. Agnes Dürer in Nederlandse klederdracht, 1521, metaalstift, bruin op donkerpaars gegrond papier, 407 x 271 mm. Berlijn, Staatliche Museen Preußischer Kulturbesitz, Kupferstichkabinett.

29. Een goudsmid uit Mechelen, 1520, pen, 159 x 101 mm. Berlijn, Staatliche Museen Preußischer Kulturbesitz, Kupferstichkabinett.

30. De dierentuin in Brussel, 1520, pen, 283 x 400 mm. Wenen, Bibliothek der Akademie der Künste.

34. De haven van Antwerpen bij de Scheldepoort, 1520, pen, 213 x 283 mm. Wenen, Albertina.

36. Hoofdman Felix Hungersperg, 1520, pen, 278 x 208 mm. Wenen, Albertina.

40. Paulus Topler en Merten Pfinzing, 1520, zilverstift, 128 x 190 mm. Berlijn, Staatliche Museen Preußischer Kulturbesitz, Kupferstichkabinett.

44. Caspar Sturm, een rivierlandschap, 1520, zilverstift, 127 x 189 mm. Chantilly, Musée Condé.

46. Portret van een jongeman, 1521, houtskool, 378 x 273 mm. Londen, British Museum.

49. Lazarus von Ravensburger, het torentje van de Hof van Liere, 1520, zilverstift, 122 x 169 mm. Berlijn, Staatliche Museen Preußischer Kulturbesitz, Kupferstichkabinett.

53. Het koor van de Grote Kerk in Bergen op Zoom, 1520, zilverstift, 132 x 182 mm. Frankfurt am Main, Städelsches Kunstinstitut.

55. Portret van een oude en een jonge vrouw, 1520, zilverstift, 129 x 190 mm. Chantilly, Musée Condé.

59. Vrouw in Nederlandse klederdracht, 1521, penseeltekening op donkerpaars gegrond papier, 283 x 195 mm. Washington, National Gallery of Art.

65. Vrouw uit Brussel, 1520, pen, 160x105 mm. Wenen, Albertina.

68. De Morin Katherina, 1521, zilverstift, 200 x 140 mm. Florence, Ufficine.

72. Liggende leeuw, 1521, zilverstift, 115 x 167 mm. Wenen, Albertina.

82. Erasmus van Rotterdam, 1520, houtskool, 373 x 271 mm. Parijs, Louvre.

85. De drieënnegentigjarige oude man, 1521, penseeltekening op donkerpaars gegrond papier, 420 x 282 mm. Wenen, Albertina.

87. Portret van een man (vermoedelijk Bernard van Orley), 1521, houtskool, 410 x 282 mm. Parijs, Louvre, Cabinet Rothschild.

91. Lucas van Leiden, 1521, zilverstift, 244 x 171 mm. Lille, Musée des Beaux Arts.

97. Koning Christiaan II van Denemarken, 1521, houtskool, 400 x 287 mm. London, British Museum.

107. Meisje met Keulse muts; Agnes Dürer op de Rijn bij Boppard, 1521, zilverstift, achterzijde van de tekening op pagina 72 (Liggende leeuw).

VERANTWOORDING

Voor de vertaling werd gebruikt gemaakt van de tekst, gepubliceerd op de cd-rom: Albrecht Dürer: *Das Gesamtwerk*, Verlag der Directmedia Publishing GmbH. ISBN 3-89853-428-6.

GERAADPLEEGDE LITERATUUR

Albrecht Dürer: *Das Tagebuch der Niederländischen Reise*, Brussel: La Connaissance, 1970.

P.T.A. Swillens, Albrecht Dürer: *zijn dagboek van de reis door de Nederlanden in 1520-1521*, Maastricht: Leiter-Nypels, 1941. Erasmus Librye, 3.

Tentoonstellingscatalogus van het werk van Albrecht Dürer in het Rijksprentenkabinet te Amsterdam, 1964.

INHOUD

COLOFON

Reis naar de Nederlanden van Albrecht Dürer werd vertaald door Anne Pries. Deze uitgave van Uitgeverij Hoogland & Van Klaveren werd gedrukt door drukkerij Ten Brink te Meppel. De opmaak was in handen van Arjen Abbestee.